Das Zauberalphabet

Übungen

von
Birgitta Reddig-Korn

Michael Fritz
Manfred Mai
Friederun Schmitt

Grafik:
Bernhard Oberdieck

Ernst Klett Grundschulverlag
Leipzig Stuttgart Düsseldorf

Zum Erstlesewerk
„Das Zauberalphabet" gehören:

Kinderbuch-Fibel	250211
Mein Buch Mitmachbuch zur Fibel	250213
Übungen mit integriertem Druckschriftlehrgang zu 250211	250212
Schreiblehrgang – Lateinische Ausgangsschrift	250214
– Vereinfachte Ausgangsschrift	250215
Überall ist Zauberland (Lesetexte parallel zum Lehrgang)	250251
Ein Fest für Minili (Theaterstück, 5 Exemplare)	250252
Lehrerband	250218
Stempel Nono	250219
Handpuppe Nono (Original Steiff)	250221
Anlauttabelle für Nachkäufe (10 Stück im Streifband)	250222

Bedeutung der Symbole:

- Wörter auf einen bestimmten Laut abhören
- besonders genau hinschauen
- schreiben, Muster weiterführen, Bild ergänzen, durchstreichen
- einkreisen
- anbinden (miteinander verbinden)
- ankreuzen
- nachspuren
- übermalen mit hellen Farbstiften (z. B. Lösungsbild, gleiche Buchstaben, typografisch gleiche Wörter, gleiche Muster)
- Bild malen
- ins Heft schreiben
- Aufgabe, in der geklebt werden muss (z. B. Buchstaben aus Zeitschriften auf die vorgegebene Fläche)
- Würfelspiel

Gedruckt auf Recyclingpapier, hergestellt aus 100 % Altpapier.

1. Auflage 1 5 4 3 2 1 | 2003 02 01 00 99

Dieses Werk folgt der reformierten Rechtschreibung und Zeichensetzung.
Alle Drucke dieser Auflage können im Unterricht nebeneinander benutzt werden, sie sind untereinander unverändert. Die letzte Zahl bezeichnet das Jahr dieses Druckes.
© Ernst Klett Grundschulverlag GmbH, Leipzig 1999.
Alle Rechte vorbehalten.
Internetadresse: http://www.klett.de

Redaktion: Friederun Schmitt, Stuttgart
Layout und Herstellung: Edmund Hornung, Stuttgart

Druck: SCHNITZER DRUCK GmbH, 71404 Korb
ISBN 3-12-250212-7

Zu Fibelseite 5

- Schulung der Wahrnehmungsfähigkeit:
  Luftballons mit dem gleichen Muster jeweils gleichfarbig anmalen;
  Lollimuster nachfahren und übertragen, Muster auf Markise vervollständigen
- Üben der Grundformen Strich und Halbkreis

1

2

Zu Fibelseite 5

- Buchstabe **L** kennen und schreiben lernen
- Gegenstände mit Laut /L/ im Namen herausfinden und anmalen

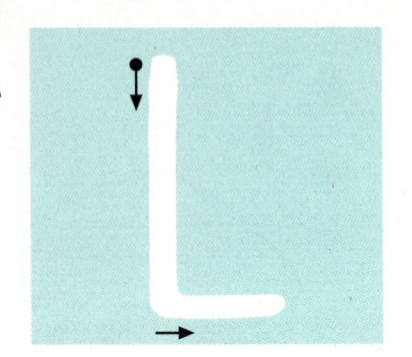

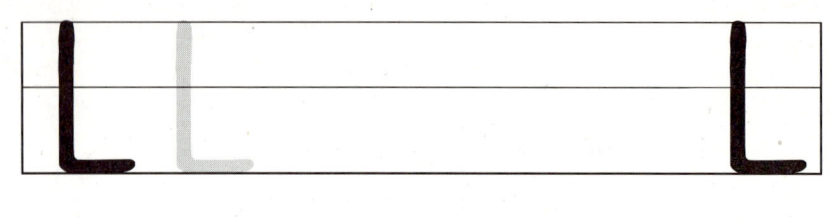

1

2

L

3

4

Zu Fibelseite 5

- Buchstabe l kennen und schreiben lernen
- L/l erkennen und auf Buchstabenkarten einkreisen

1

2

3

Zu Fibelseite 5

- Ganzwort **Lili** erkennen, schriftgleiche Paare verbinden
- **Lili** farbig anmalen
- Bild und Wort richtig zuordnen
- Wort **Lili** erkennen und einkreisen

1

Lili   Lili   Lili   Lili   Lili

Lili   Lili   Lili   Lili   Lili

2

Lili   Lisa   Lilo   Oli   Lili   Oli

3

Lili

Lara   Lili

Lisa   Lilo

4

LiliLisamit   LlLlLl
LoLili Laura   L
LatLilimili

6

Zu Fibelseite 7

- 7 Dinge anmalen, die nicht ins Klassenzimmer gehören
- Muster weiterführen

Zu Fibelseite 7

- Buchstabe **I** kennen und schreiben lernen
- Anlaut **/I/** erkennen und ankreuzen
- Bilder mit Laut **/I/** einkreisen; Lieblings-I-Wort malen

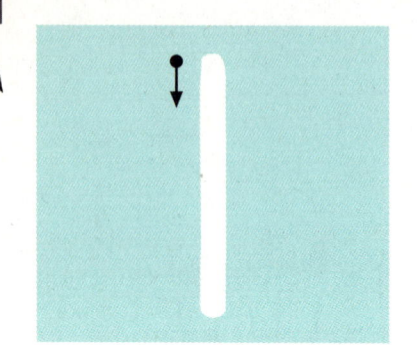

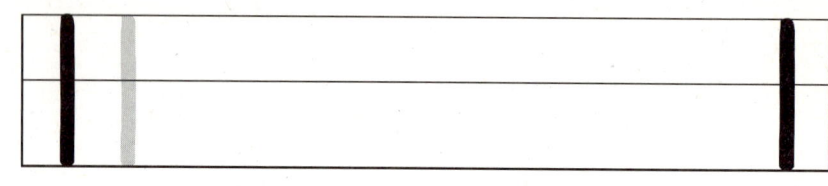

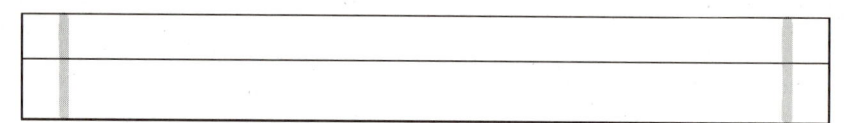

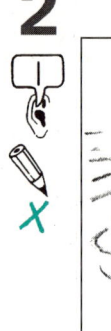

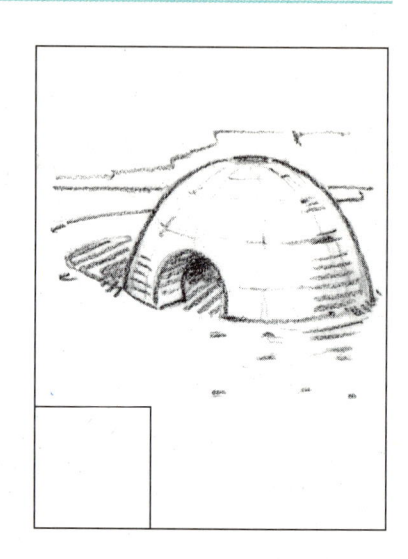

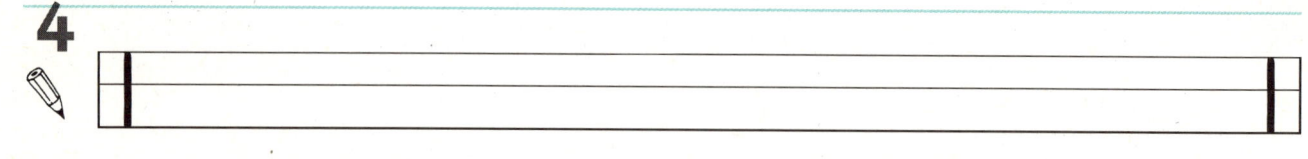

1

2

3

4

8

Zu Fibelseite 7

- Buchstabe **i** kennen und schreiben lernen
- Wort **Lili** erkennen und einkreisen
- **I/i** erkennen und einkreisen; Igelstacheln mit **l** ergänzen
- **L/l** und **i** im Wortzusammenhang schreiben

1

2

LiliLisaLiloLamiOliLiliUliAli

3

4

Lili Lili

9

Zu Fibelseite 7

- Ganzwort **ich/Ich** erkennen, schriftgleiche Paare jeweils mit der gleichen Farbe anmalen
- **ich** erkennen und einkreisen
- Kind malt sich selbst
- **Lili** aufbauend lesen und schreiben

1

ich   ich   Ich   ich   Ich   Ich

ich   Ich   ich   ich   ich   ich

2

mich   (ich)   ich   Wicht   ich

ich   dicht   ich   Licht   ich

3

Lili   Ich

4

L	i	l	i
L	i	l	i
L	i	l	i
L	i	l	i

10

Zu Fibelseite 9

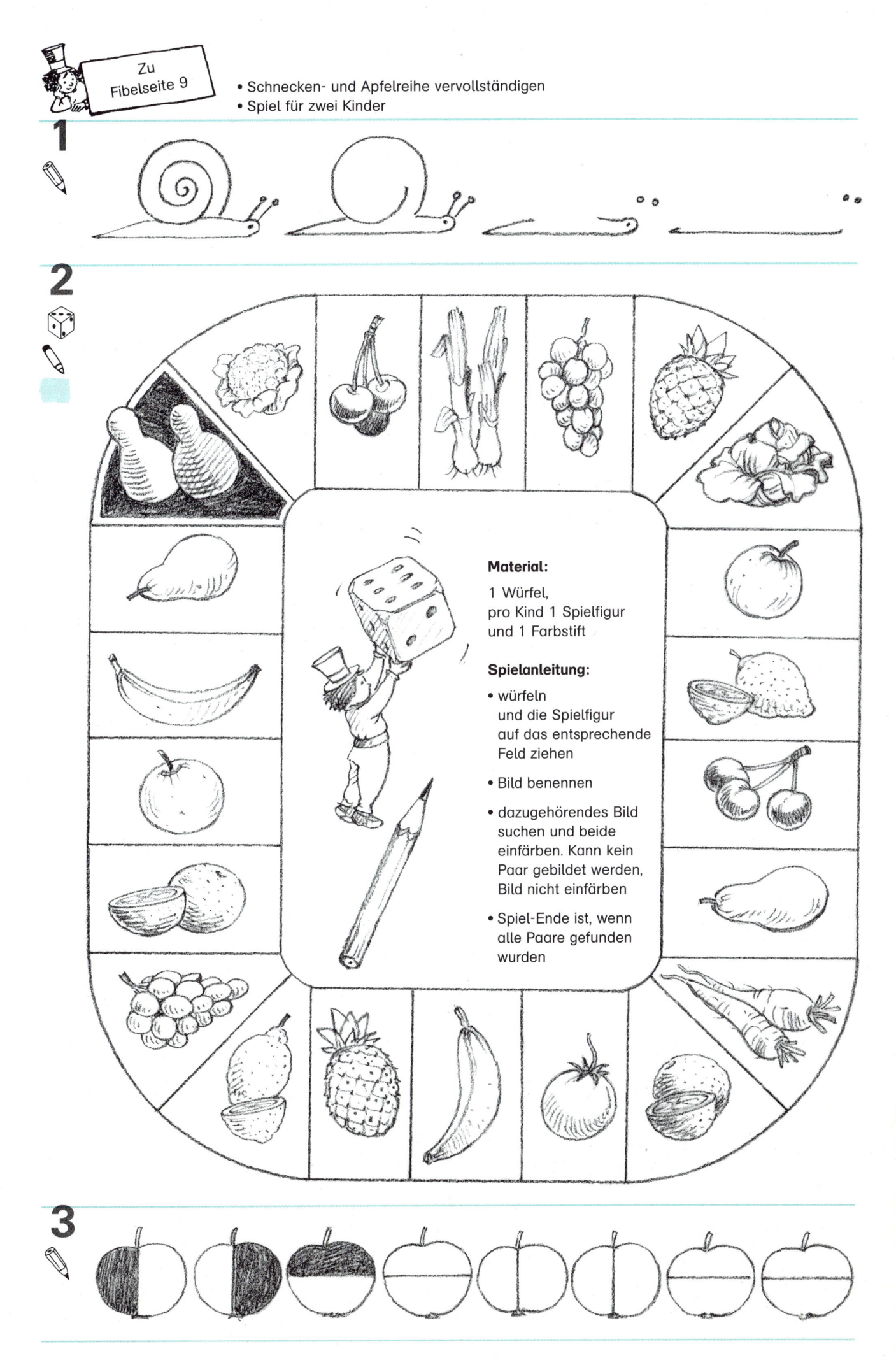

- Schnecken- und Apfelreihe vervollständigen
- Spiel für zwei Kinder

1

2

Material:
1 Würfel,
pro Kind 1 Spielfigur
und 1 Farbstift

Spielanleitung:

- würfeln und die Spielfigur auf das entsprechende Feld ziehen
- Bild benennen
- dazugehörendes Bild suchen und beide einfärben. Kann kein Paar gebildet werden, Bild nicht einfärben
- Spiel-Ende ist, wenn alle Paare gefunden wurden

3

11

Zu Fibelseite 9

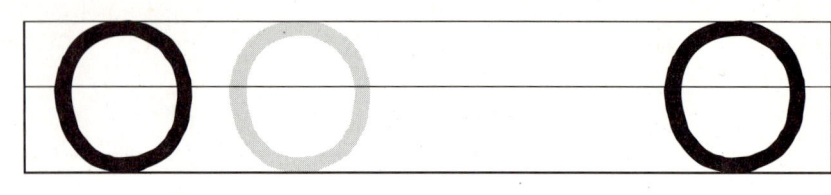

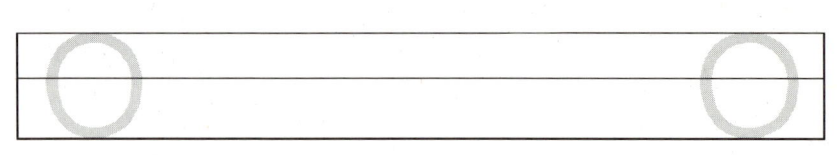

- Buchstabe **O** kennen und schreiben lernen
- Laut **/O/** als An-, In- und Auslaut erkennen
- **Oli** aufbauend lesen und schreiben
- **O** im Wortzusammenhang schreiben

1

O   O   o   O

2

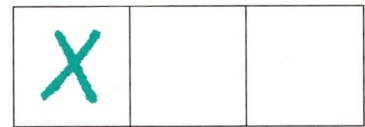

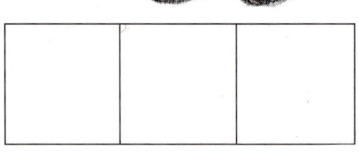

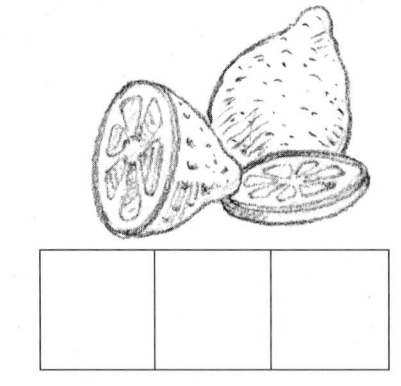

3

O | l | i
O | l | i
o | l | i

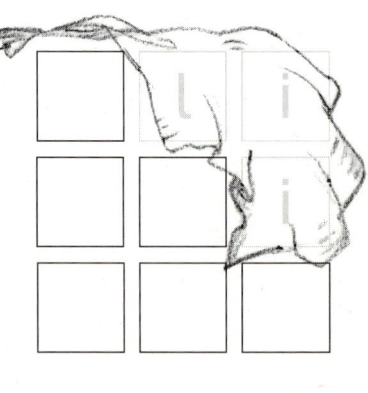

4

Oli Oli

12

Zu Fibelseite 9

- Buchstabe **o** kennen und schreiben lernen
- **O/o** Felder anmalen
- Wort **Oli** erkennen und einkreisen
- **o** im Wortzusammenhang schreiben

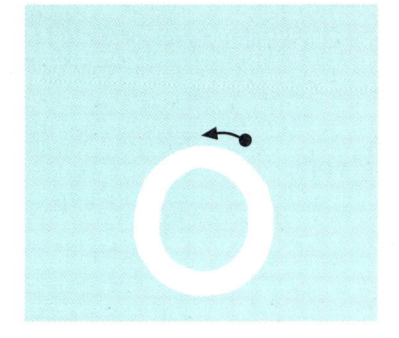

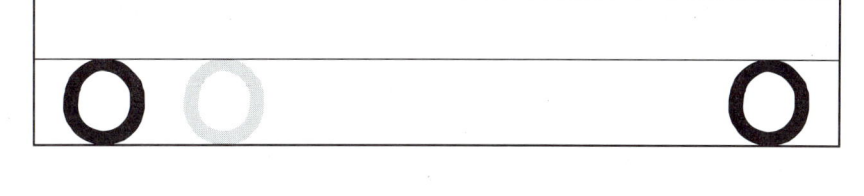

1

2

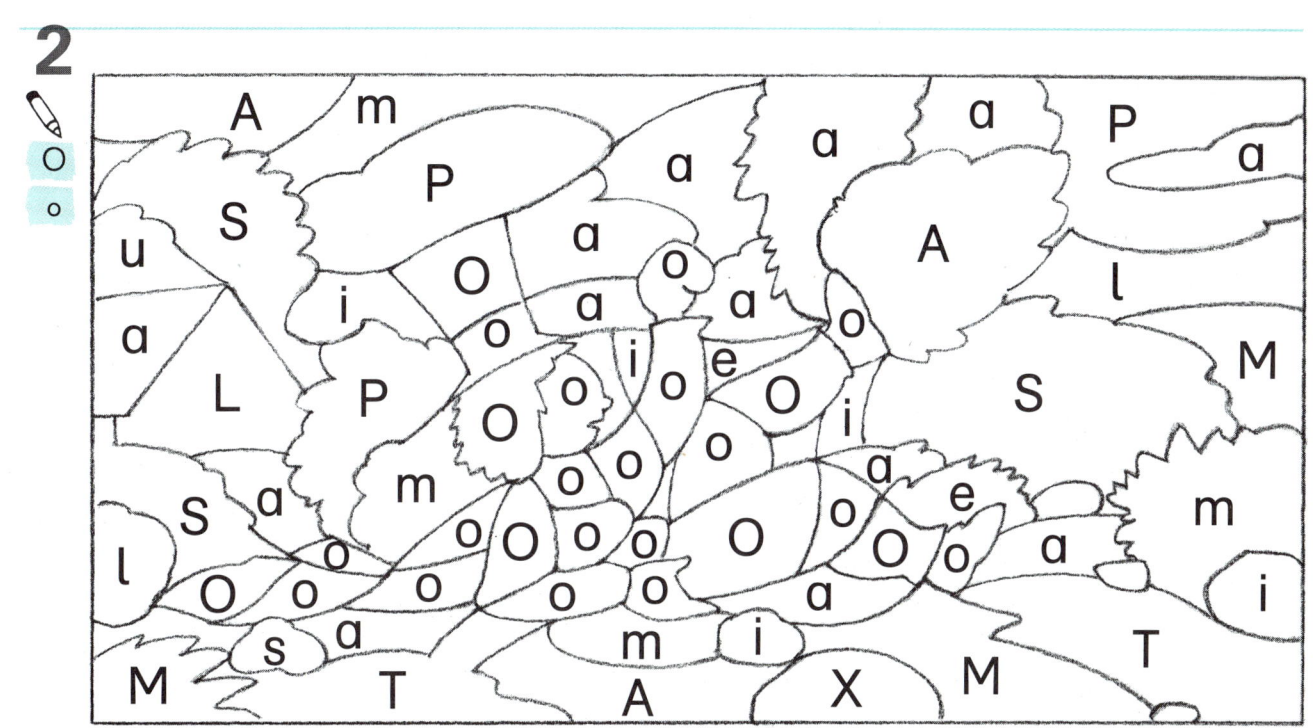

3 (Oli)

OliLiloOliLoliOliLiliLiloOleLililiOli
iLiloLiliOliLolliLiloOliLiliOliLiloOli

4 Lilo Lilo

13

Zu Fibelseite 9

- Ganzwort **bin** erkennen, schriftgleiche Paare jeweils mit der gleichen Farbe anmalen
- Namen mit passendem Bild verbinden und anmalen
- jeweils Wort mit richtigem Buchstaben ergänzen und lesen
- Sätze mit den Namen ergänzen und lesen

1

bin   bin   bin   bin   bin

bin   bin   bin   bin   bin   bin

2

Oli

Lili

Lilo

3

O   L   o

| | l | i |

| i | l | i |

| L | i | l | |

4

Ich bin ___   Ich bin ___   Ich bin ___

14

Zu Fibelseite 11

- Grundform zum **A** üben
- Reihe logisch weiterführen
- Wahrnehmungsübung:
  Bilder vergleichen, sechs Unterschiede finden und farbig markieren

15

Zu Fibelseite 11

- Buchstabe **A** kennen und schreiben lernen
- Laut **/A/** als An-, In- und Auslaut erkennen
- **A** im Wortzusammenhang schreiben

1

A   A A   A

2

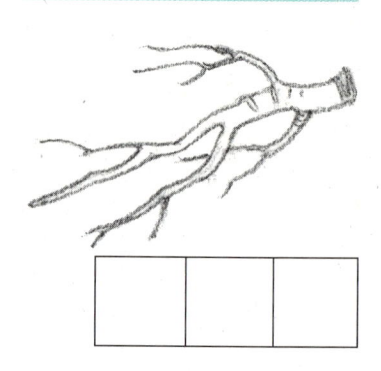

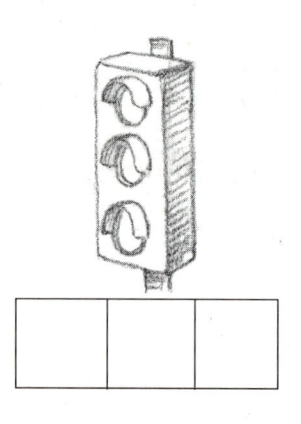

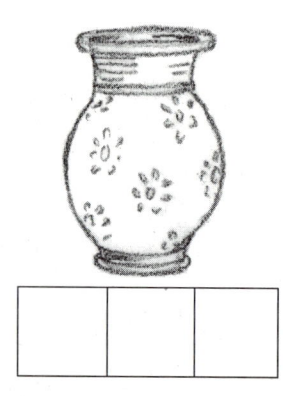

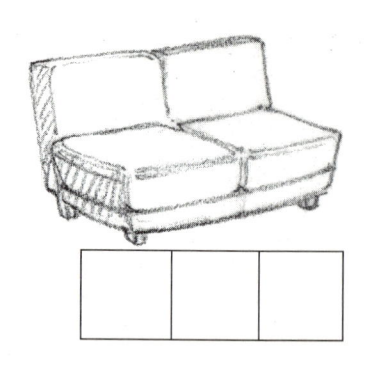

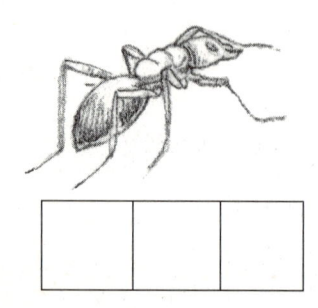

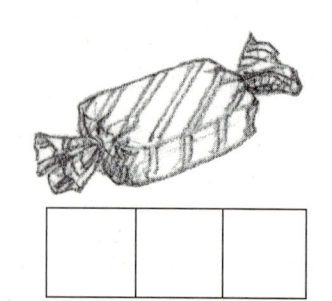

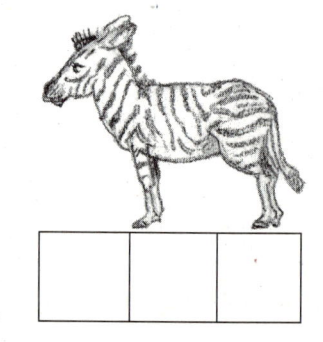

3

A   A

Ali Ali

16

Zu Fibelseite 11

- Buchstabe **a** kennen und schreiben lernen
- **A/a** erkennen und einkreisen
- **a** aus Wörtern in Zeitungen ausschneiden und einkleben
- **a** im Wortzusammenhang schreiben

1

a

a   a

a   a

2

Ⓐ
ⓐ

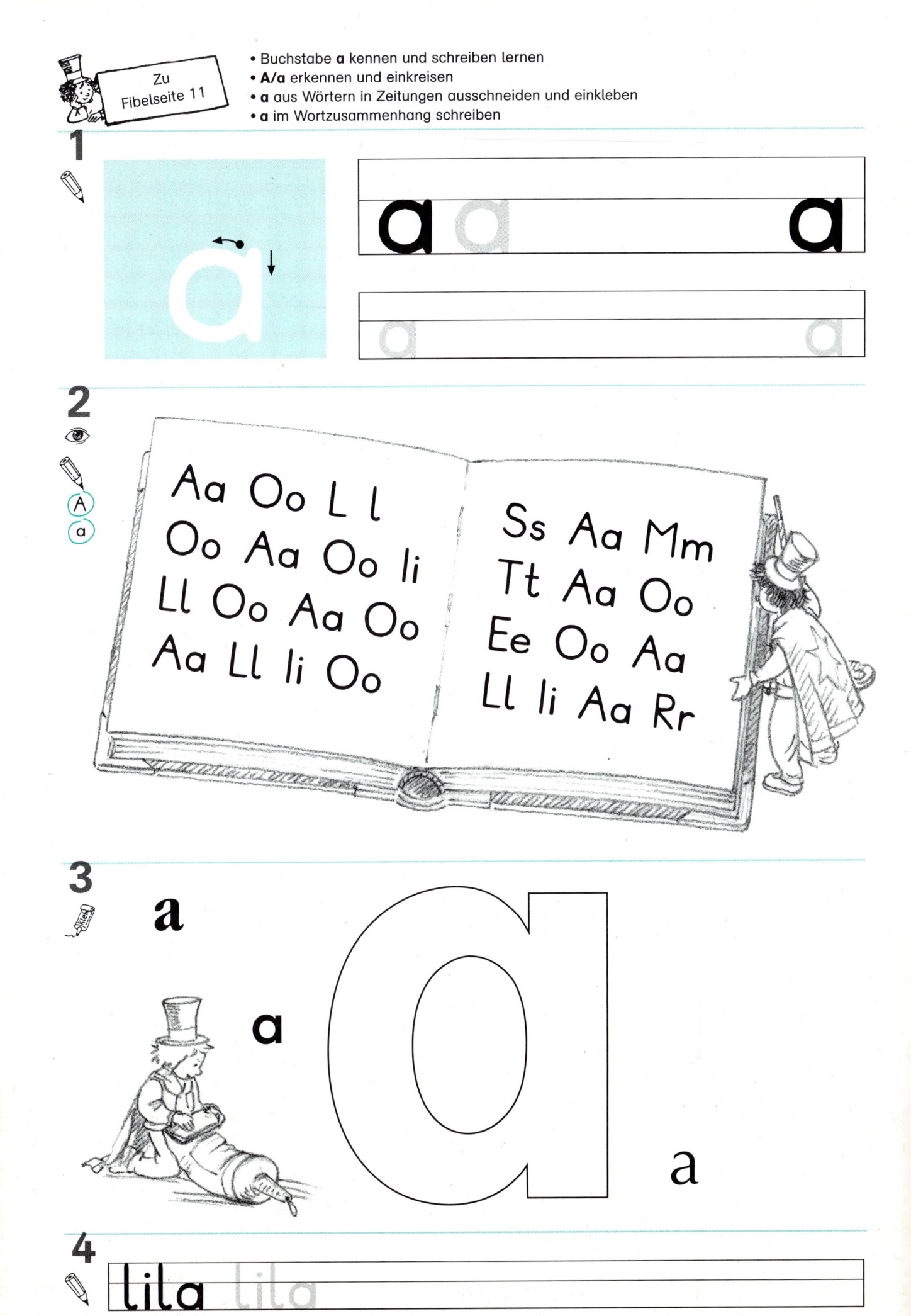

Aa Oo Ll
Oo Aa Oo Ii
Ll Oo Aa Oo
Aa Ll Ii Oo

Ss Aa Mm
Tt Aa Oo
Ee Oo Aa
Ll Ii Aa Rr

3

a   a   a   a

4

lila lila

17

Zu Fibelseite 11
- Ganzwort **und** erkennen, schriftgleiche Paare jeweils mit der gleichen Farbe anmalen
- Namen eintragen und lesen
- Satz mit passenden Bildern vervollständigen und lesen
- Wortanfang **La** mit passenden Bildern verbinden

1

und   und   und   und
und   und   und   und
und   und   Hund

2

____ und ____   ____ und ____

3

Ich bin • • und

4

La ____

Zu Fibelseite 13

- 5 Mäuse suchen
- identische Käsestücke finden und anmalen
- M mit Stempelfarbe und Fingern drucken
- Rahmen aus Arkaden und Girlanden vervollständigen

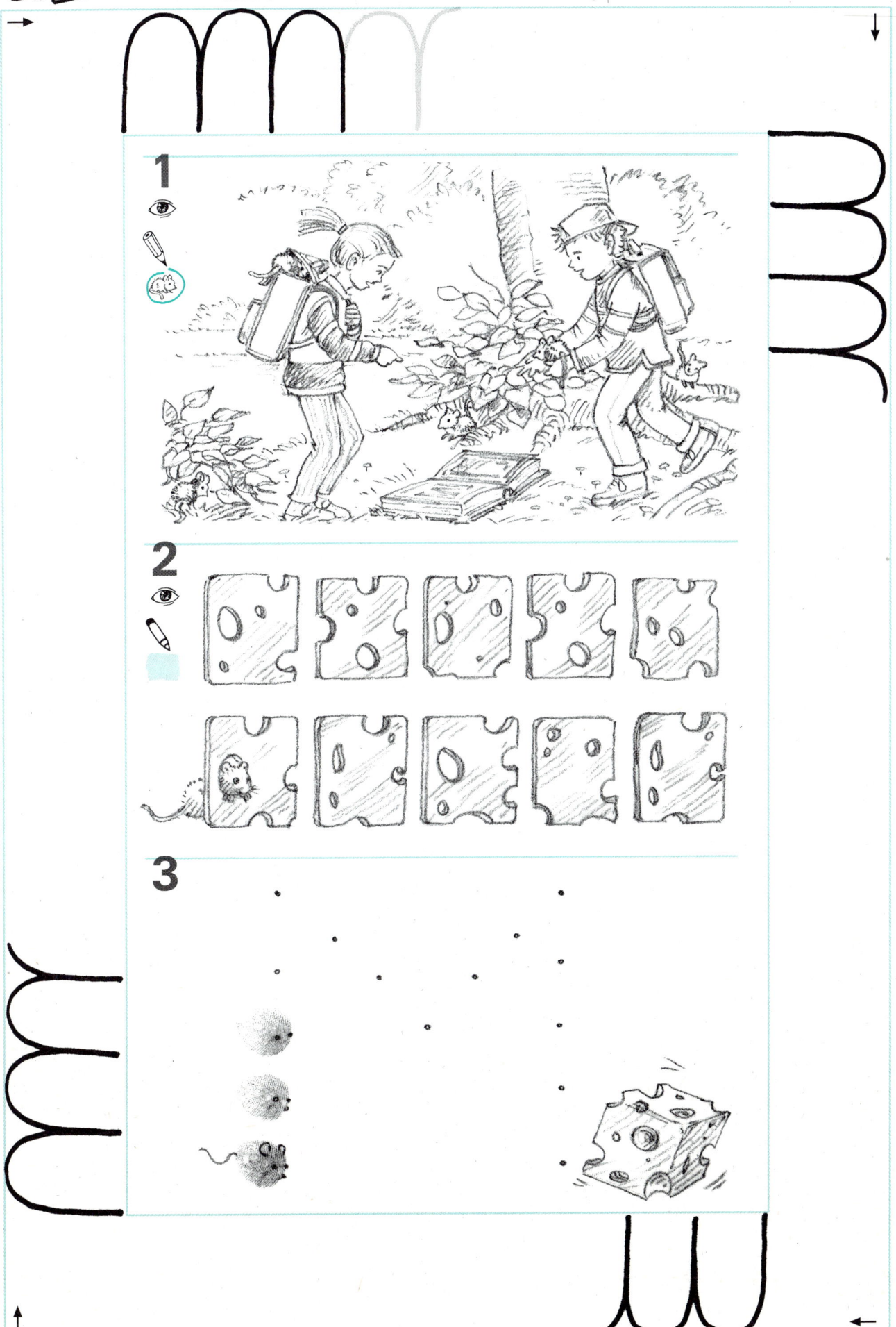

1

2

3

19

Zu Fibelseite 13

- Buchstabe **M** kennen und schreiben lernen
- Laut **/M/** im Wort erkennen
- Laut **/M/** als An-, In- und Auslaut erkennen

1

2

3

4

Zu Fibelseite 13

- Buchstabe **m** kennen und schreiben lernen
- **M/m** erkennen und einkreisen
- **M/m** nachfahren
- **M/m** im Wortzusammenhang schreiben

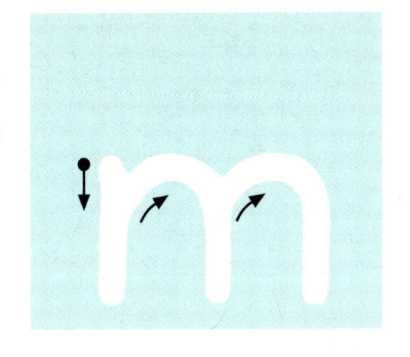

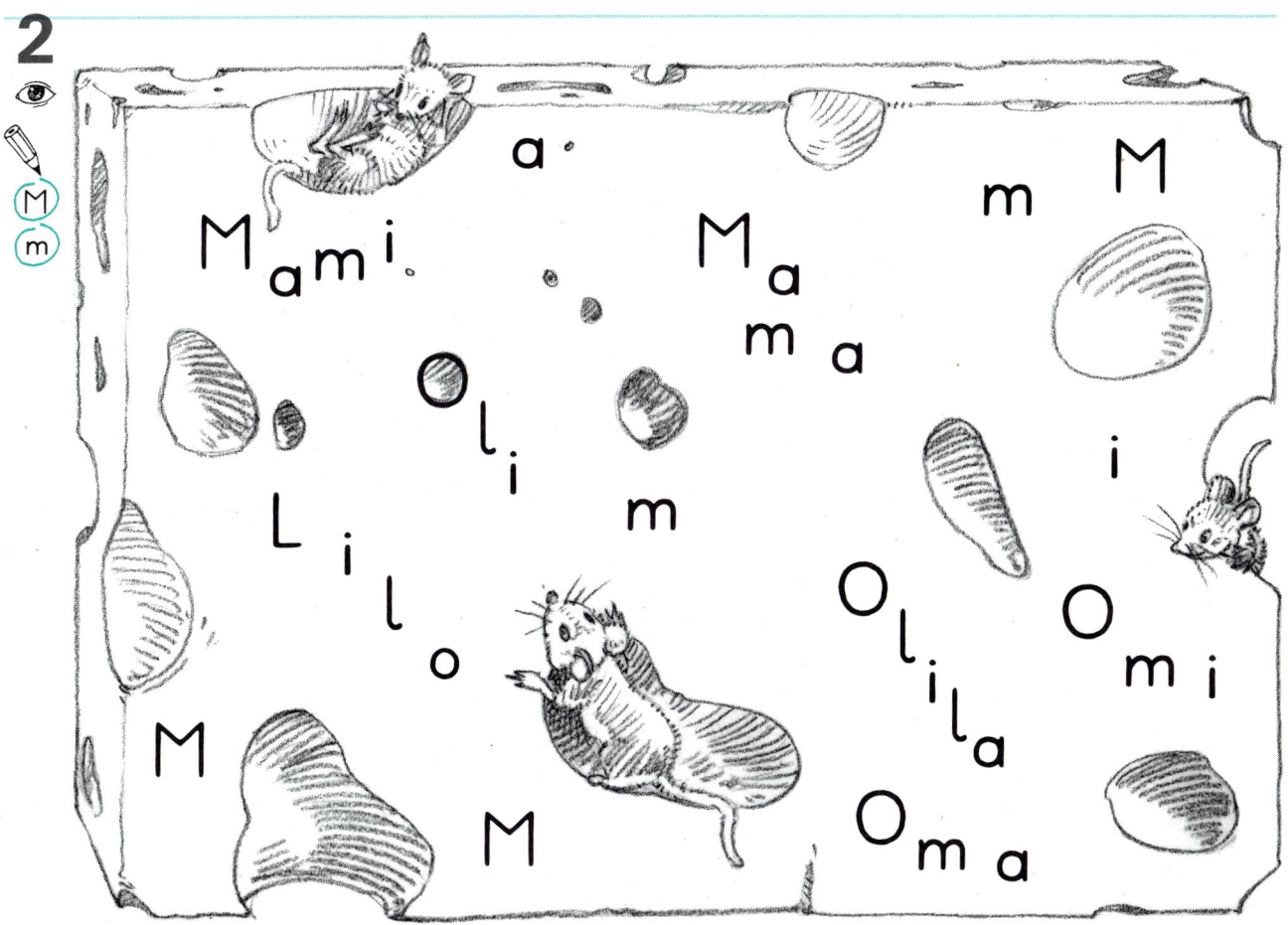

1

m m m
m m

2

a
M m M
Mami Mama
Oli
Lilo m
O Olila Omi
M Oma
M

3

Meine Mama mag Mäuse.
Meine Oma mag keine Mäuse.

4

Mama Mama
Oma Oma

Zu Fibelseite 13

- Ganzwort **ist** erkennen, schriftgleiche Paare jeweils mit der gleichen Farbe anmalen
- Satz mit passendem Bild vervollständigen
- Bild richtig zuordnen
- Laute und Buchstaben zuordnen, Buchstaben eintragen, das Wort erlesen und schreiben

1

ist ist ist ist ist ist
ist ist ist ist
ist ist ist ist ist

Mist

2

Mama ist im
Oma ist am
Mama ist am
Oma ist im

3

Lili mit Oma
Lili mit Mama
Lili mit Oli

4

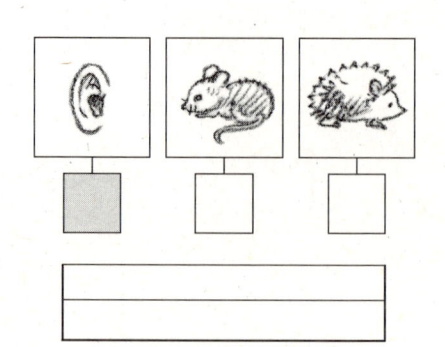

Zu Fibelseite 15

- gegensätzliche Vogelpaaare verbinden
- Ballstrecke mehrfarbig nachspuren
- ∞ mehrfarbig nachspuren

1

2

3

23

Zu Fibelseite 15

- Buchstabe **S** kennen und schreiben lernen
- Laut **/S/** als An-, In- und Auslaut erkennen
- **S** im Wortzusammenhang schreiben

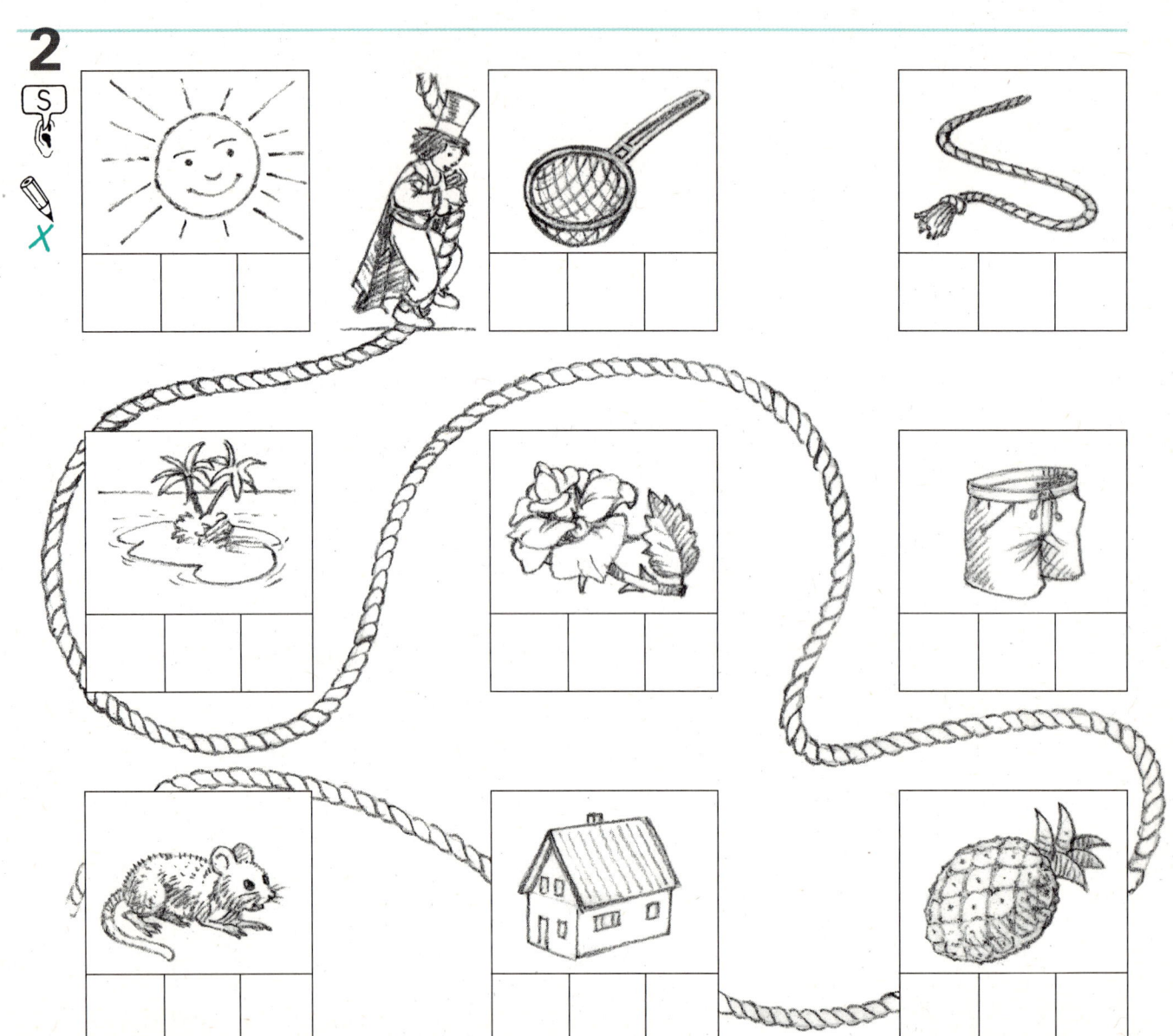

1

S S S S

S S

2

3

Slalom Slalom

Zu Fibelseite 15

- Buchstabe **s** kennen und schreiben lernen
- Buchstabenformen entdecken, im Bild nachspuren und mit Buchstaben am Rand verbinden
- **s** im Wortzusammenhang schreiben

1

S s   S

s   s

2

S ·   · S
M ·   · L
L ·   · A
I ·   · O
A ·   · M
O ·   · I

3

so   so

Lasso   Lasso

25

Zu Fibelseite 15

- Ganzwort **was/Was** erkennen, schriftgleiche Paare jeweils mit der gleichen Farbe anmalen
- lesen und eigene Ideen malen
- Sätze durch Verbinden vervollständigen; Bild malen

1

Was   was   Was   was   was   Was
was   was   was   was   Was   was   Was

2

was
Was

Ist was los?   Was ist los?   Ist was?   Was ist los?

Oli, was ist?   Lili, was ist los?

3

Ich bin mal so   und mal so.

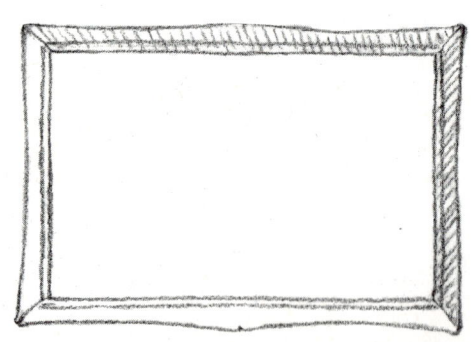

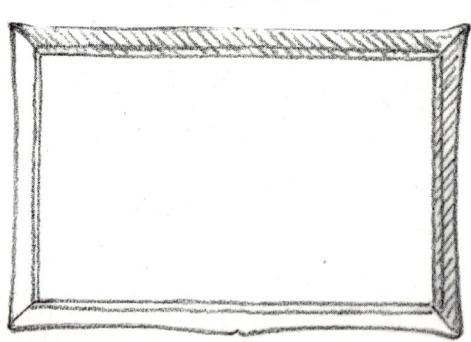

so   und   so

4

Was soll ich?   Und ich?

Lili soll   Ich soll

Omi soll

Oli soll

26

Zu Fibelseite 17

- Ballmuster fortsetzen
- oben abgebildete Figuren in den Bankreihen suchen und einkreisen
- Vereinssymbol erfinden
- Auge-Handkoordination: mit Ball auf das Tor schießen

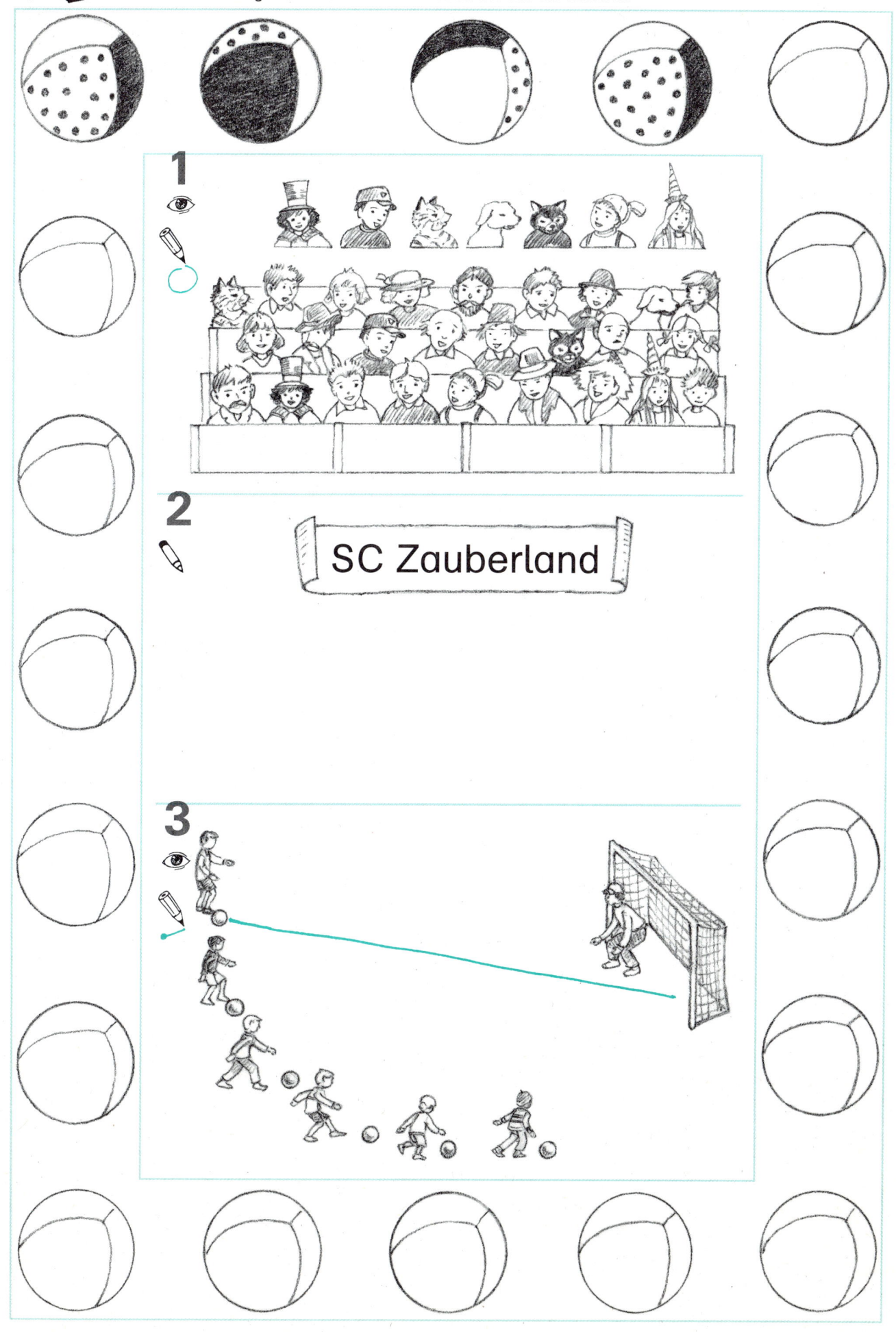

1

2 SC Zauberland

3

27

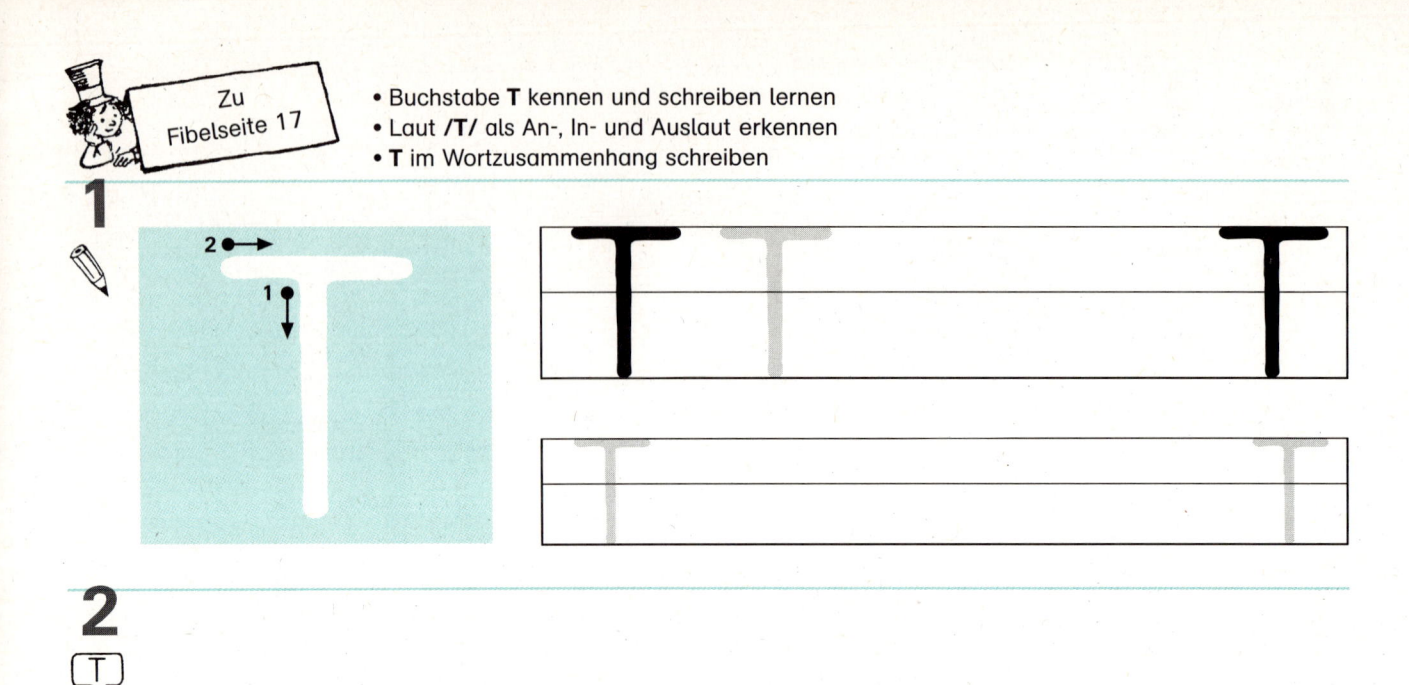

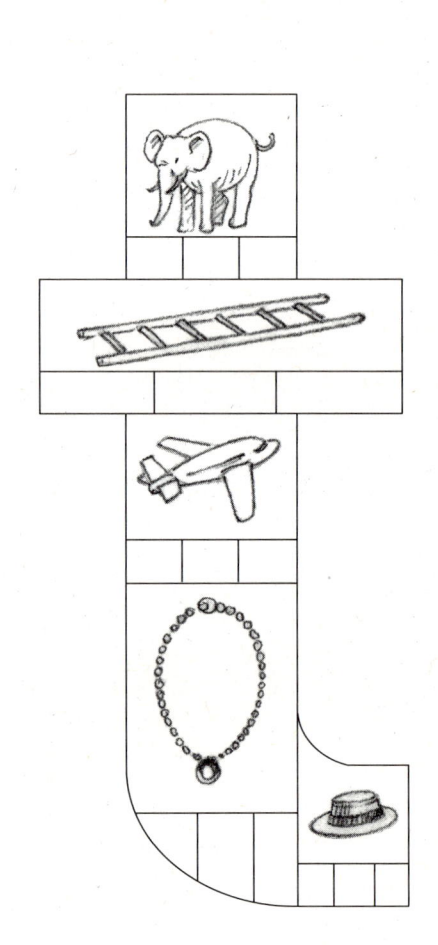

Zu Fibelseite 17
- Buchstabe **T** kennen und schreiben lernen
- Laut **/T/** als An-, In- und Auslaut erkennen
- **T** im Wortzusammenhang schreiben

1

T   T   T

2

3

Tim

Tom

Zu Fibelseite 17
- Buchstabe **t** kennen und schreiben lernen
- **T/t** erkennen und einkreisen
- **t** im Wortzusammenhang schreiben

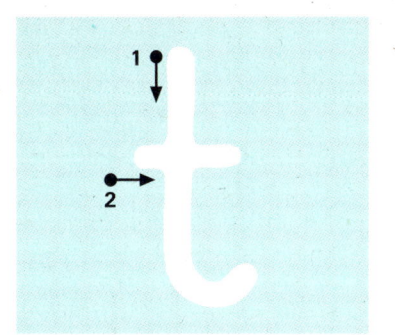

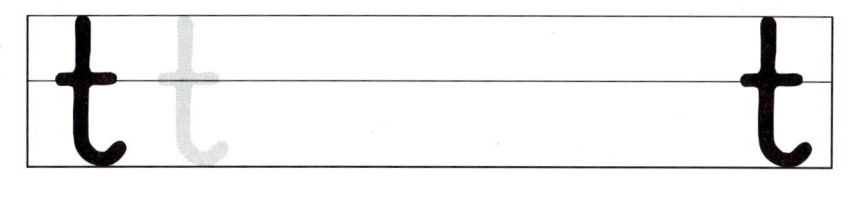

1

t   t   t

2

l	T	t	S	T	M	S	V	S	T	Z	C	Z	a
a	M	O	M	O	t	A	I	S	m	l	a	S	t
V	f	B	S	m	l	T	O	a	i	s	l	I	F
S	a	O	t	B	V	B	l	m	s	a	O	i	C
l	l	o	a	L	T	S	a	O	T	l	I	O	K
K	a	t	B	S	C	s	m	T	a	l	s	m	V
S	m	L	i	O	o	s	S	L	A	T	a	t	i	f
C	A	s	t	i	a	E	S	o	M	O	a	m	L
T	m	s	T	L	m	o	a	o	l	M	M	a	l
H	o	A	L	E	e	E	s	t	L	M	A	l	o
S	e	s	M	e	L	I	M	S	T	A	S	M	a
V	i	L	o	A	s	t	l	t	M	a	o	A	o

3

toll

Salat

Zu Fibelseite 17

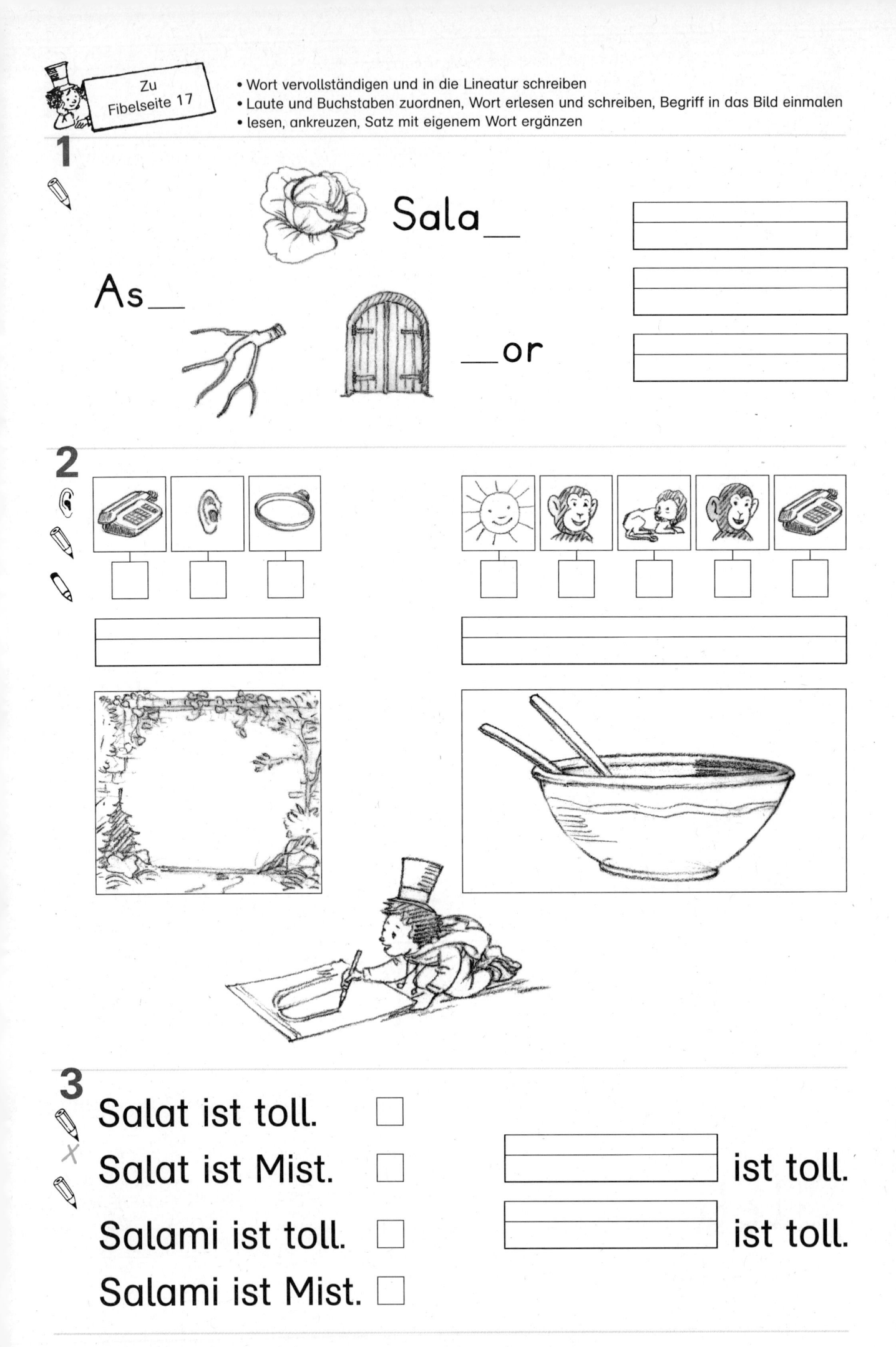

- Wort vervollständigen und in die Lineatur schreiben
- Laute und Buchstaben zuordnen, Wort erlesen und schreiben, Begriff in das Bild einmalen
- lesen, ankreuzen, Satz mit eigenem Wort ergänzen

1

Sala__

As__

__or

2

3

Salat ist toll. ☐

Salat ist Mist. ☐

Salami ist toll. ☐

Salami ist Mist. ☐

_____ ist toll.

_____ ist toll.

Zu Fibelseite 19

- Schmetterlingsweg mehrfarbig nachspuren
- Vorderteil und passendes Hinterteil in der gleichen Farbe anmalen
- ankreuzen, welche Tiere zusammengesetzt worden sind
- Schmetterlingsweg fortführen

1

2

3

31

Zu Fibelseite 19

- Buchstabe **E** kennen und schreiben lernen
- Laut **/E/** als An-, In- und Auslaut erkennen
- **E** im Wortzusammenhang schreiben

1

E   E   E
E   E

2

Esel

3

Elsa   Elsa

Elsi   Elsi

32

Zu Fibelseite 19

- Buchstabe **e** kennen und schreiben lernen
- **E/e** einkreisen
- **E** einkreisen
- **E/e** im Wort- und Satzzusammenhang schreiben

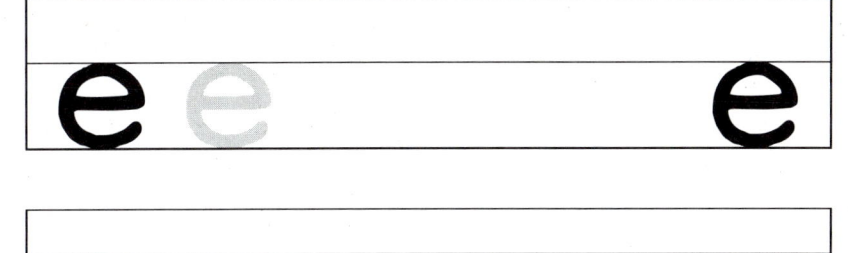

1

e   e   e

2

iElsatMimeriEselteseleilolese

3

4

Esel Esel

Ich lese. Ich ____ . Ich ____ .

Zu Fibelseite 19
- Karten mit Groß- oder Kleinbuchstaben ergänzen
- Wörter eintragen, dann abbauen
- Unsinnwörter durchstreichen, korrekte Wörter anmalen

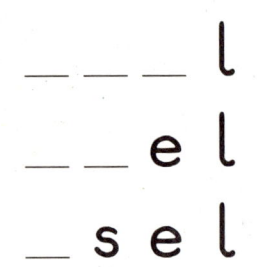

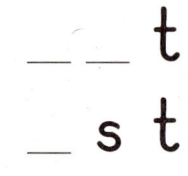

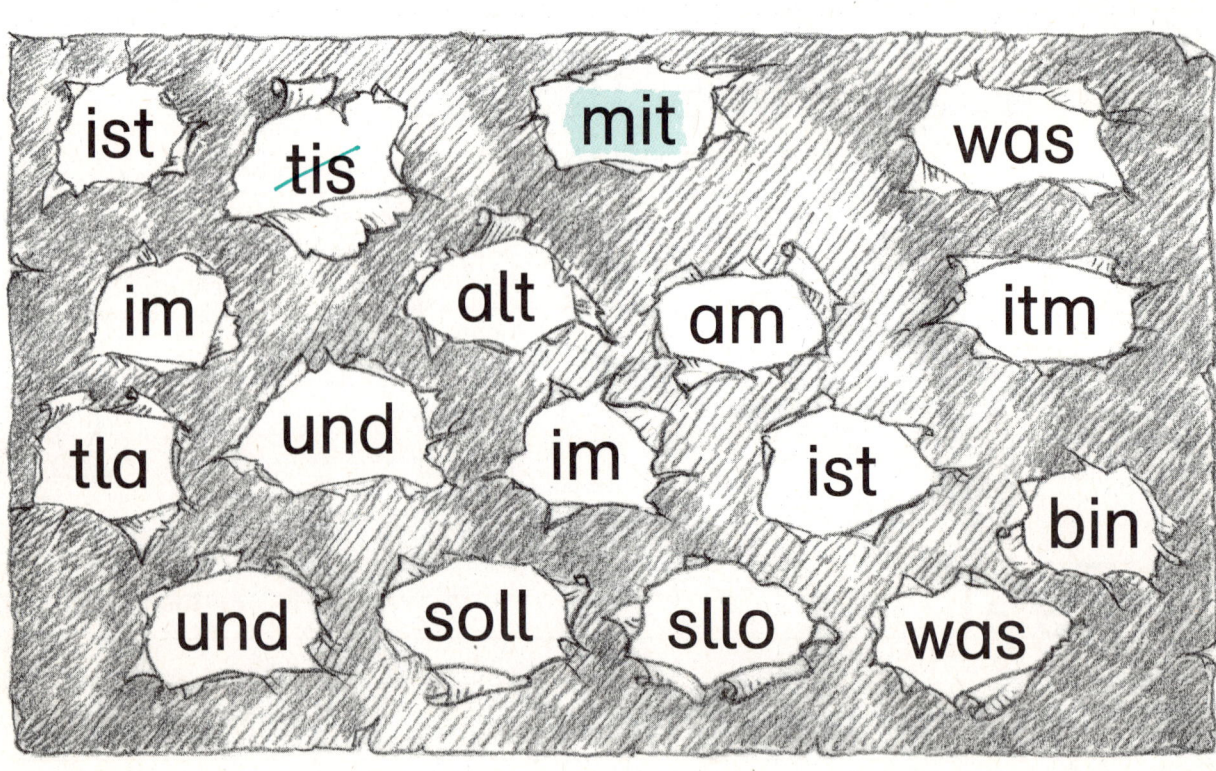

1

L E O _ _ _ A _ _
l _ _ i s _ t m

2

_ _ _ _   _ _ _   _ _ _
_ _ _ l   _ _ a   _ _ t
_ _ e l   _ m a   _ s t
_ s e l

3

ist   ~~tis~~   mit   was
im   alt   am   itm
tla   und   im   ist
und   soll   sllo   was   bin

34

Zu Fibelseite 21

- Lilis Weg zu Nono nachspuren
- Bild und passendes Schattenbild verbinden; Umriss des Schattenbildes nachspuren

1

2

Zu Fibelseite 21

- Buchstabe **R** kennen und schreiben lernen
- Laut **/R/** als An-, In- und Auslaut erkennen; Gegenstände ergänzen
- **R** im Wortzusammenhang schreiben

1

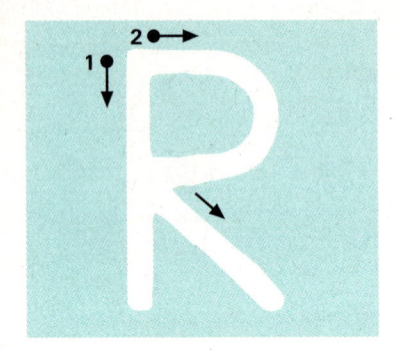

R R R R

R R

2

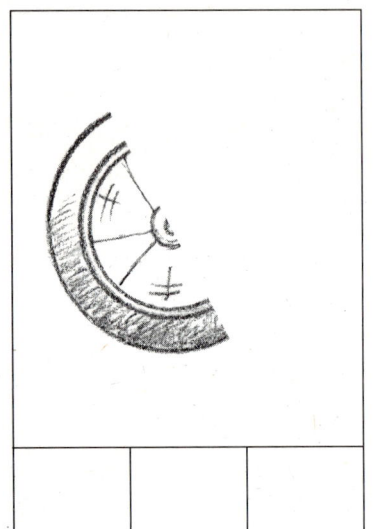

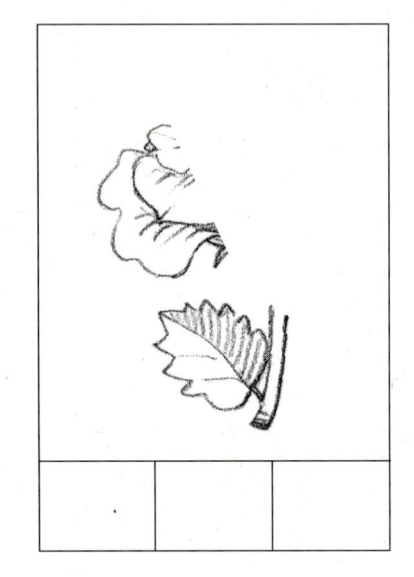

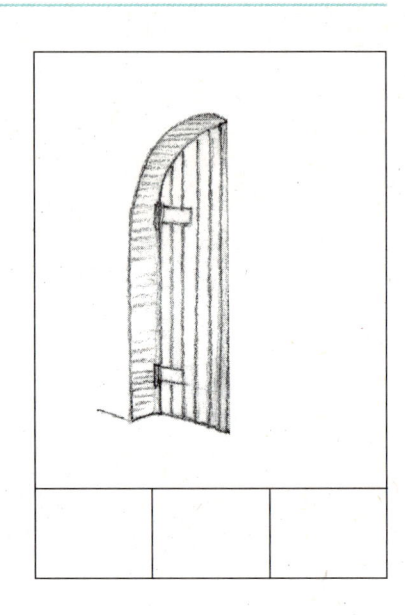

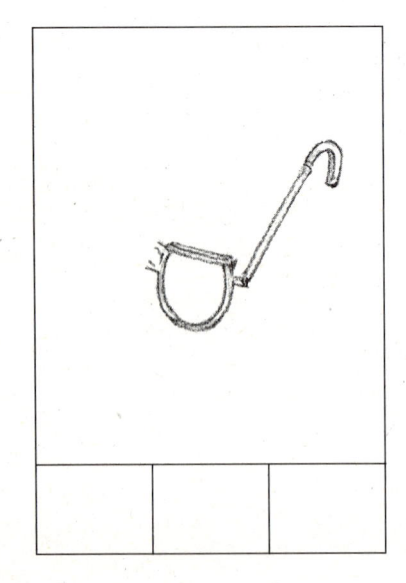

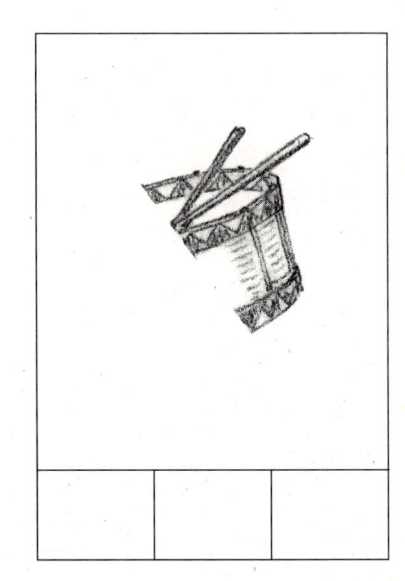

3

Rose Rose

Ratte Ratte

Zu Fibelseite 21

- Buchstabe **r** kennen und schreiben lernen
- **R/r** einkreisen
- **r** im Wort- und Satzzusammenhang schreiben

1

r r r

r

2

Ⓡ
ⓡ

3

rot rot

Ich rate. Ich   . Ich   .

37

Zu Fibelseite 21

- Buchstaben zum Wort zusammensetzen und schreiben
- versteckte Abbildungen erkennen, Umrisse nachfahren, Wörter aufschreiben
- Unsinnwörter durchstreichen, korrekte Wörter anmalen

1

o	e	l	A	t	e
s	R	s m	e	o T	m
				a	

2

Rose

3

rot   Tor   rot   Ort
tro   rto   Tor   otr

Zu Fibelseite 23

- richtige Dodelu aus der Fibel erkennen und anmalen
- erkennen, was fehlt und das Bild ergänzen

1

2

Zu Fibelseite 23

- Buchstabe **U** kennen und schreiben lernen
- Laut **/U/** als An-, In- und Auslaut erkennen; Paare verbinden
- **U** im Wortzusammenhang schreiben

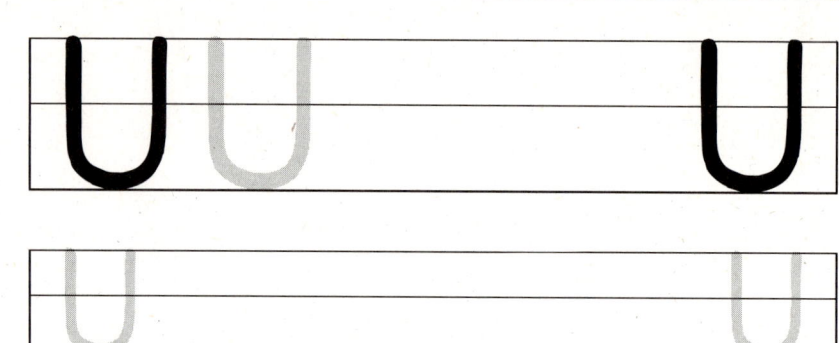

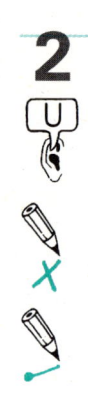

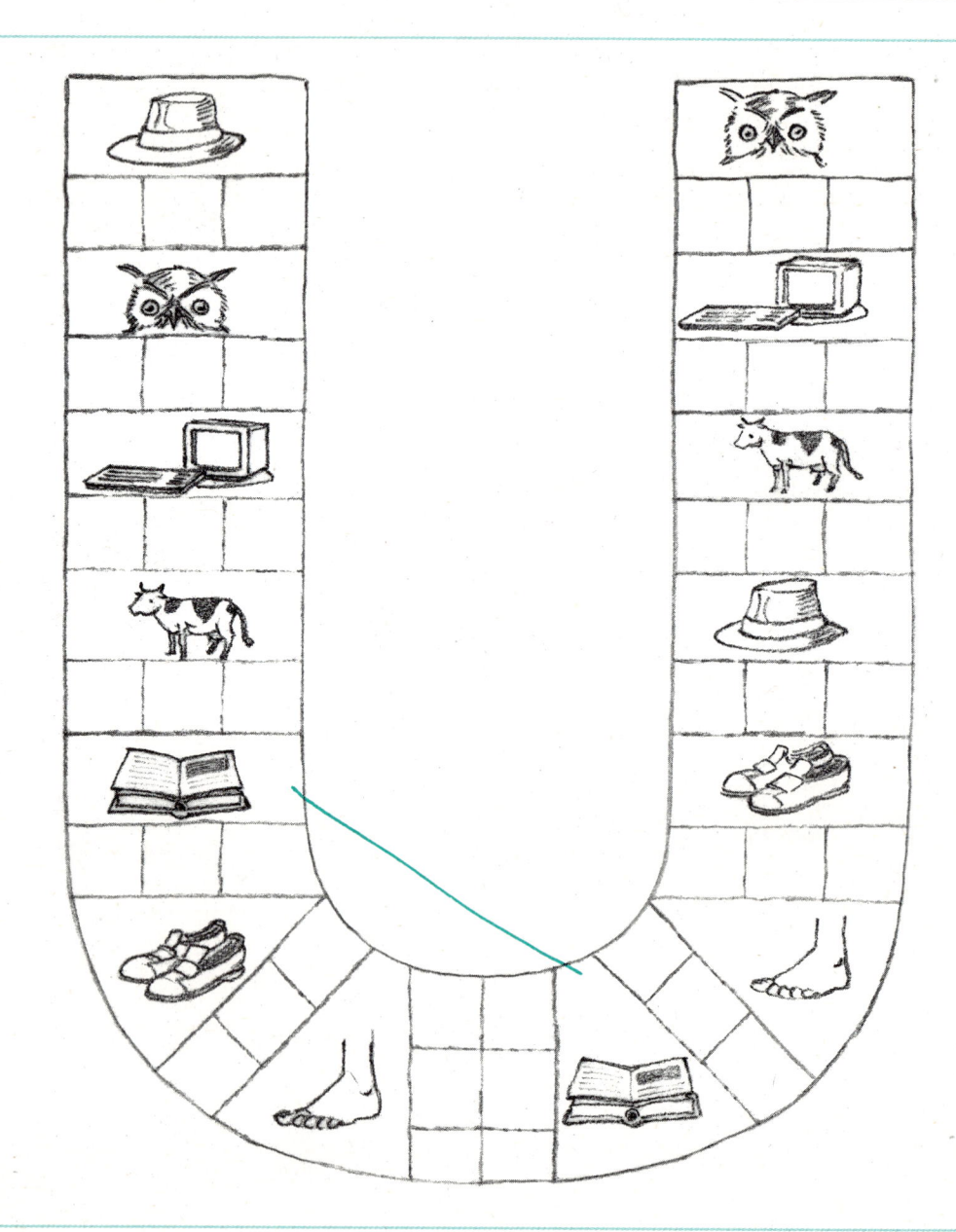

1

U U U U
U U

2

3

Uli Uli
Ulm Ulm

Zu Fibelseite 23
- Buchstabe **u** kennen und schreiben lernen
- **U/u**-Felder in einer Farbe anmalen
- **U/u** nachspuren
- **u** im Wortzusammenhang schreiben

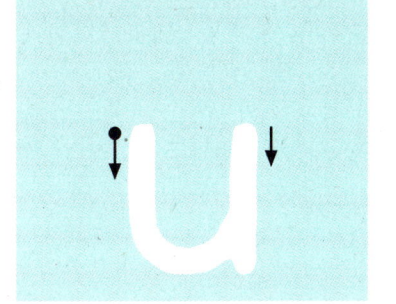

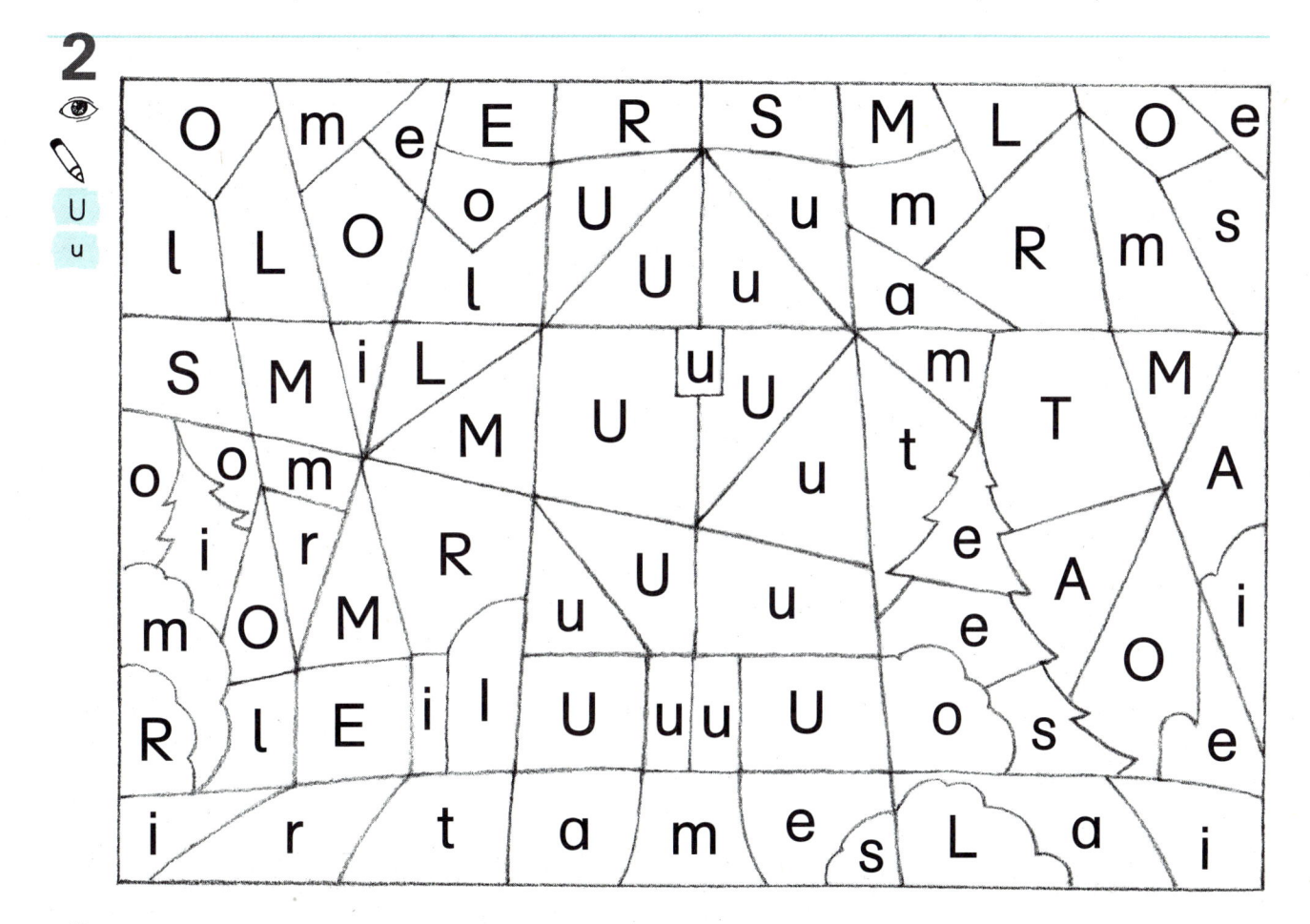

1

u   u   u

2

3

In Ulm und um Ulm
und um Ulm herum.

4

Mut
Turm

41

Zu Fibelseite 23

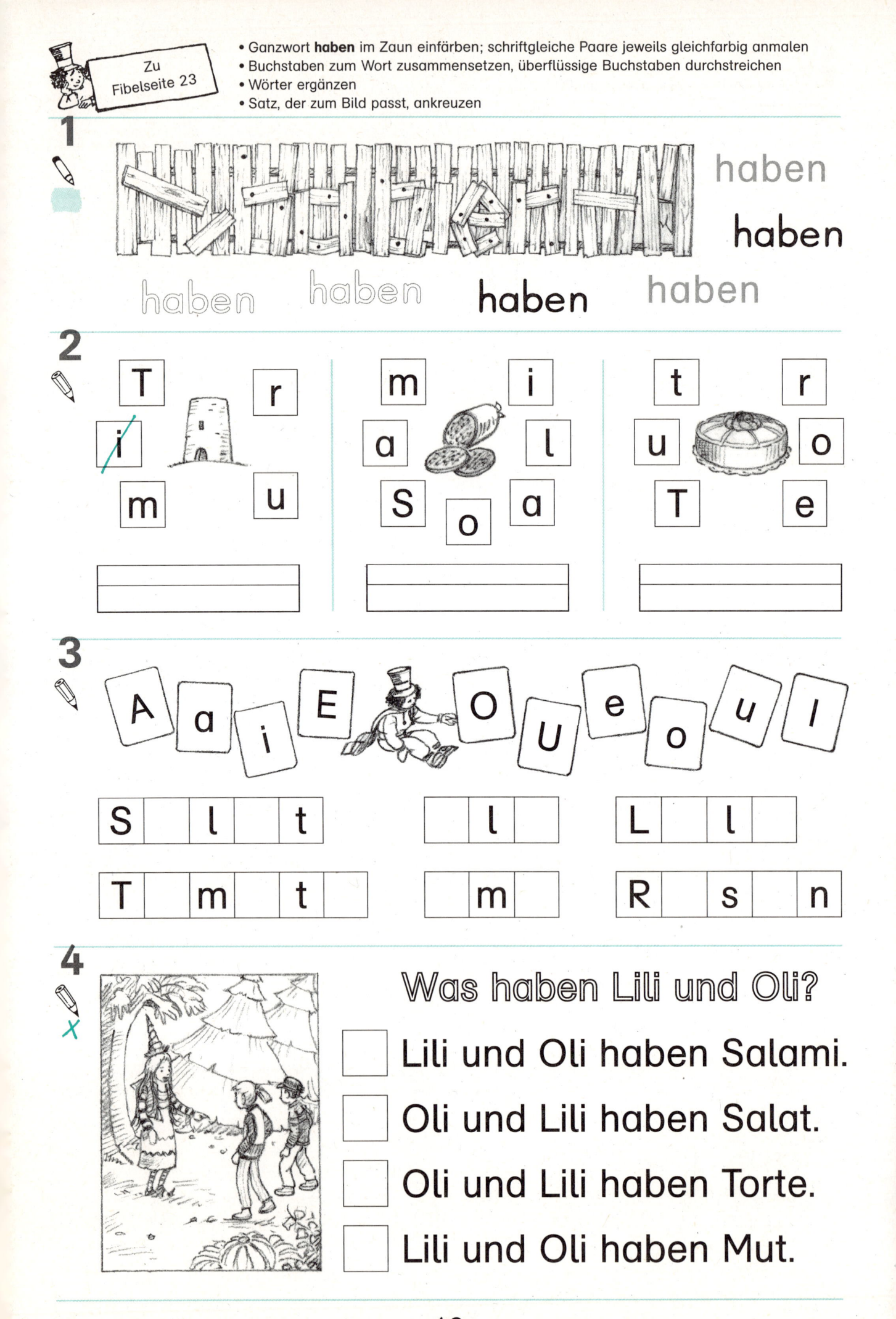

- Ganzwort **haben** im Zaun einfärben; schriftgleiche Paare jeweils gleichfarbig anmalen
- Buchstaben zum Wort zusammensetzen, überflüssige Buchstaben durchstreichen
- Wörter ergänzen
- Satz, der zum Bild passt, ankreuzen

1

haben   haben   haben   haben   haben

2

3

4

Was haben Lili und Oli?

☐ Lili und Oli haben Salami.

☐ Oli und Lili haben Salat.

☐ Oli und Lili haben Torte.

☐ Lili und Oli haben Mut.

Zu Fibelseite 25

- die dickeren Punkte so verbinden, dass ein Delfin entsteht
- zusammengehörende Dinge (Paare) verbinden
- fehlende Musterteile ergänzen

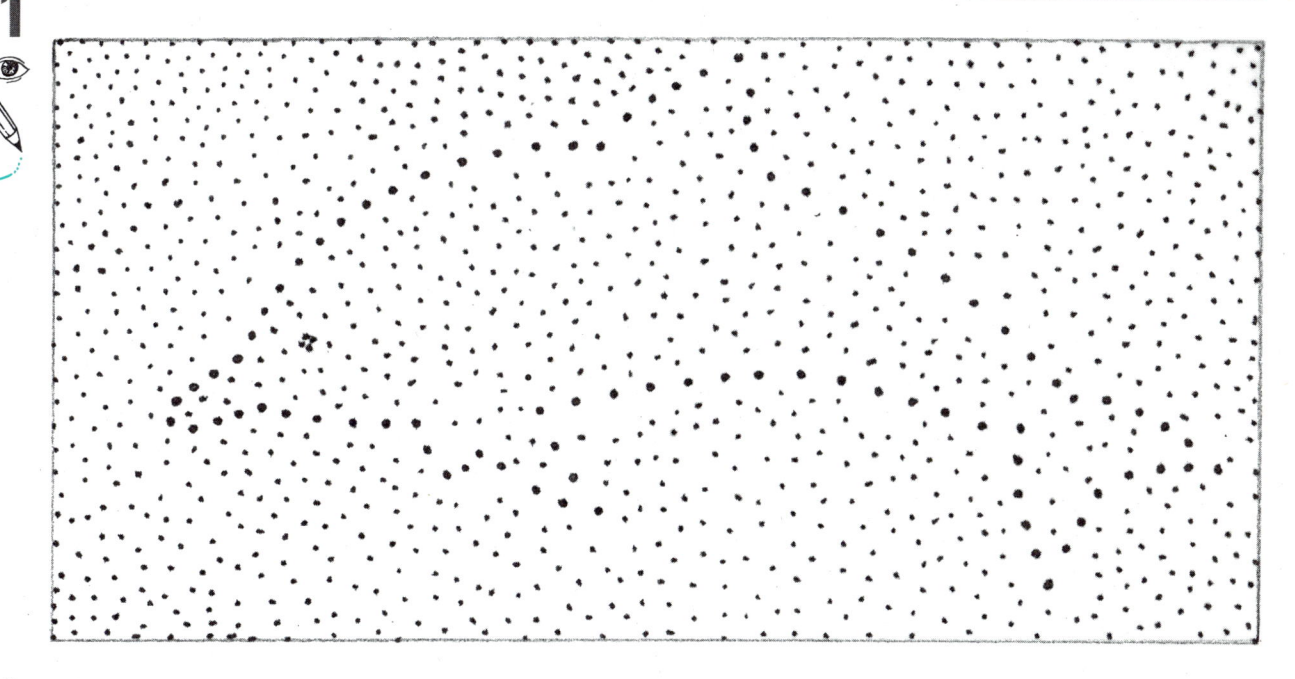

1

2

3

43

Zu Fibelseite 25

- Buchstabe **D** kennen und schreiben lernen
- Wortanfang **Da/De/Di/Do/Du** jeweils dem passenden Bild zuordnen
- **D** im Wort- und Satzzusammenhang schreiben

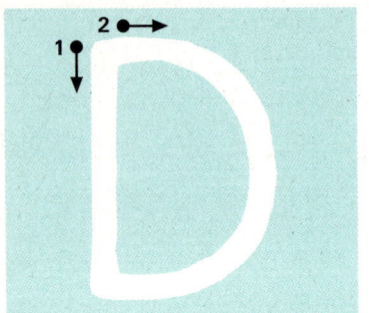

1

D   D D   D

D   D

2

Da
De
Di
Do
Du

3

Dose Dose

Lilis Dose ist leer.

Zu Fibelseite 25

- Buchstabe **d** kennen und schreiben lernen
- vorgegebenes Wortbild wiedererkennen und einkreisen
- Begleiter kennen lernen und entsprechend einrahmen
- **D/d** im Wort- und Satzzusammenhang schreiben

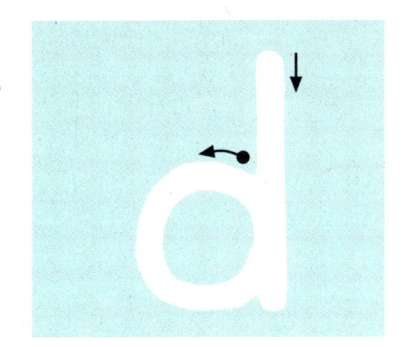

1

d   d   d   d
                     d

2

Radio   (Radio) Radi   Rad   Rudi   Radio   Rodia
Dose   Duse   Dise   Dose   Dese   Dose   Disi
Dodelu   Dodolo   Dodelu   Dideli   Dodelu

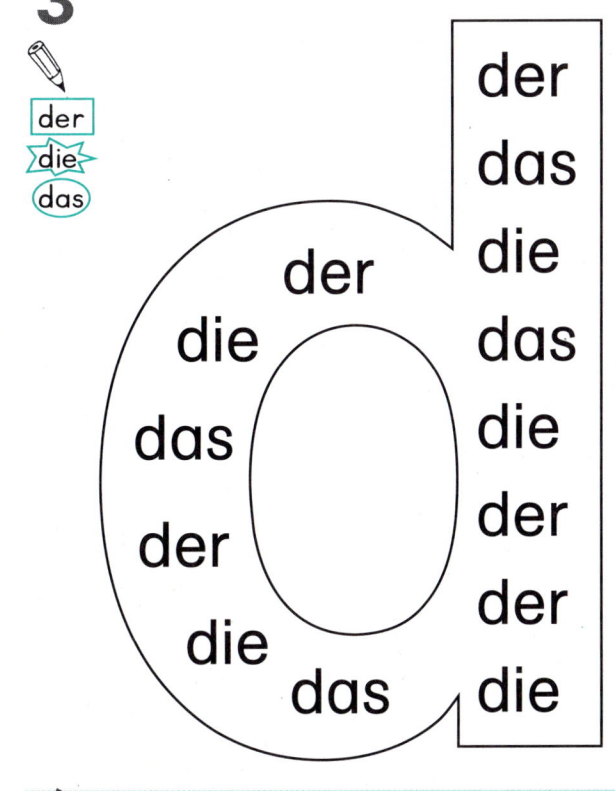

3

der
die
das

der das die das die der der die
die das der die

der   die   das

4

Dodelu   Dodelu
Dodelu ist da.

45

Zu Fibelseite 25

- Spiel für zwei Kinder
- eintragen, wie oft **der, die, das** vorkommen

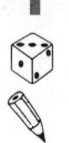

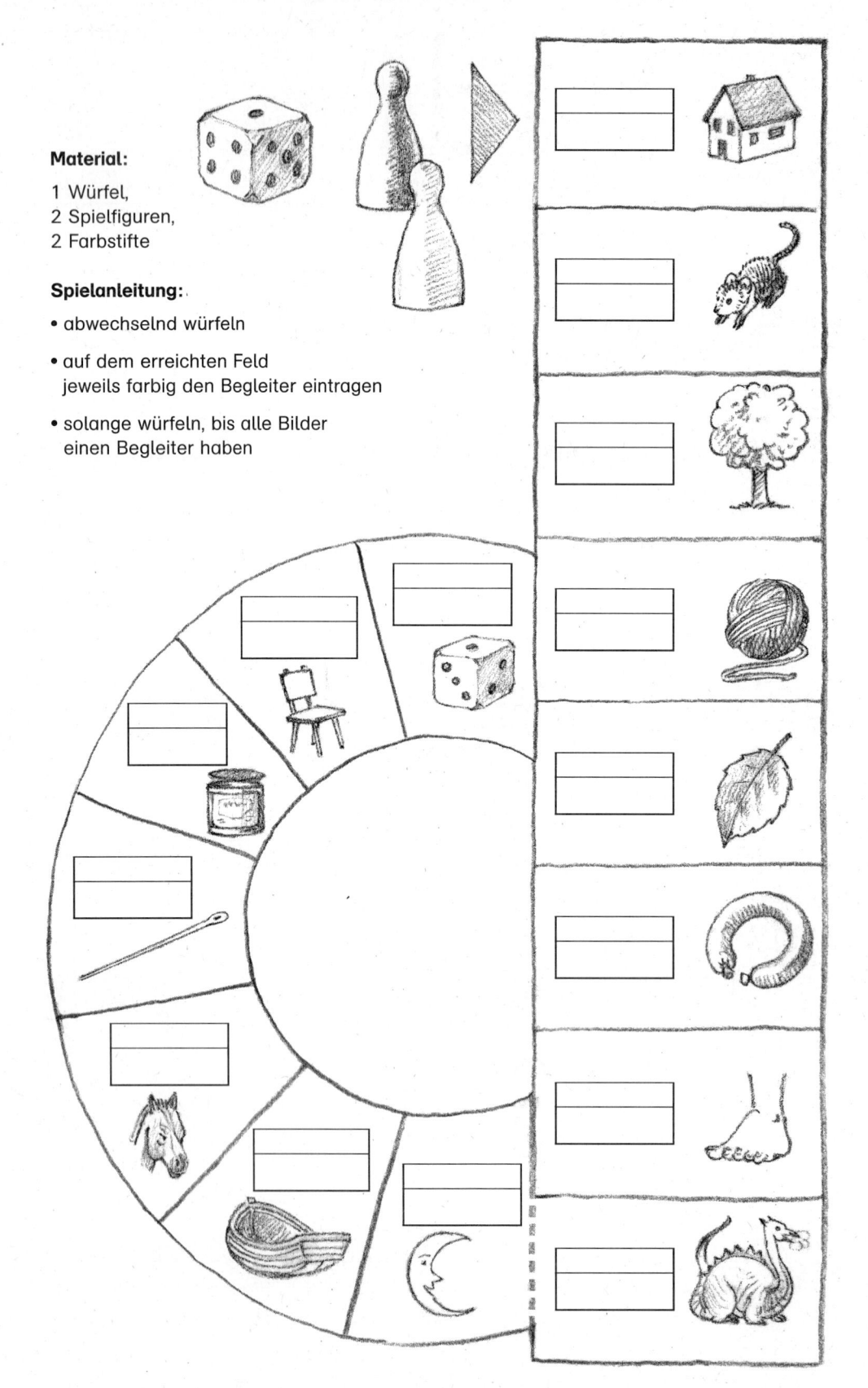

Material:
1 Würfel,
2 Spielfiguren,
2 Farbstifte

Spielanleitung:
- abwechselnd würfeln
- auf dem erreichten Feld jeweils farbig den Begleiter eintragen
- solange würfeln, bis alle Bilder einen Begleiter haben

der: ☐   die: ☐   das: ☐

Zu Fibelseite 27

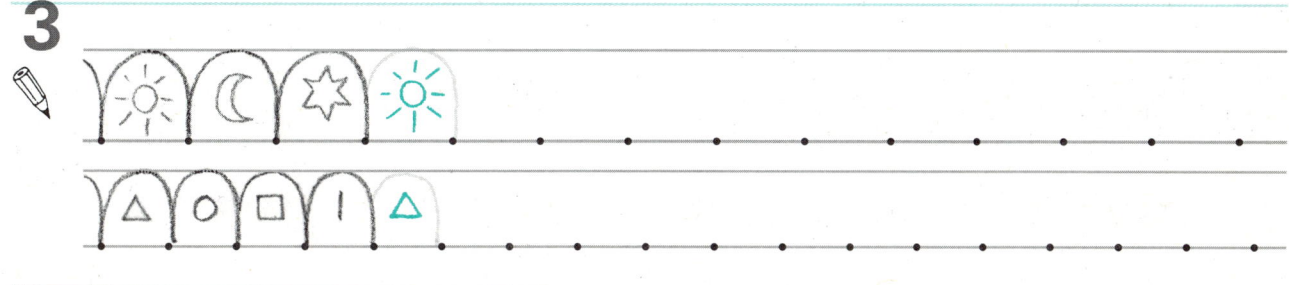

- Arkaden nachfahren und fortsetzen; Muster fortsetzen
- Nono zeichnerisch ergänzen
- Bilder streichen, die nicht in die Reihe gehören (zweibeinig, vierrädrig)

1

2

3

Zu Fibelseite 27

- Buchstabe **N** kennen und schreiben lernen
- Laut **/N/** als An-, In- und Auslaut erkennen
- **N** im Wortzusammenhang schreiben

1

N N N N
N   N

2

| X | | | | | X | | | | | X |

| X | | | | | X | | | | | X |

3

Nase Nase

Name Name

48

Zu Fibelseite 27

- Buchstabe **n** kennen und schreiben lernen
- **n** aus Zeitschriften ausschneiden und aufkleben
- **N/n** nachspuren
- **n** im Wort- und Satzzusammenhang schreiben

1

n   n   n

n

2

n   n   n

3 Ich bin Nono. Ich kann reden,
lesen, malen, raten und rennen.
N n   Und du?

4 Ich kann lesen. Ich kann malen.
Ich kann _____. Ich kann _____.

49

Zu Fibelseite 27

- Ganzwort **kann** erkennen und einkreisen, im Zaun einfärben
- Minimalpaare bilden
- lesen und Endung **-en** einkreisen, Satz ergänzen
- lesen, Lösung eintragen und Punkte nachspuren

1

(kann)

können   kann
kann   Kamm   kann
kann   komm   kann

2

u → a
Hund
H_nd

o → a
Tonne

D → R
Dose

S → T
See

3

en

mal(en)   raten   reden
rennen   essen   lesen

Lili und Nono

Oli und Lili

Oli und Lili und Nono

4

Ich kann mit Lili und Oli raten.

Er ist nett und kann reden.
Es ist ▭ .

50

Zu Fibelseite 29

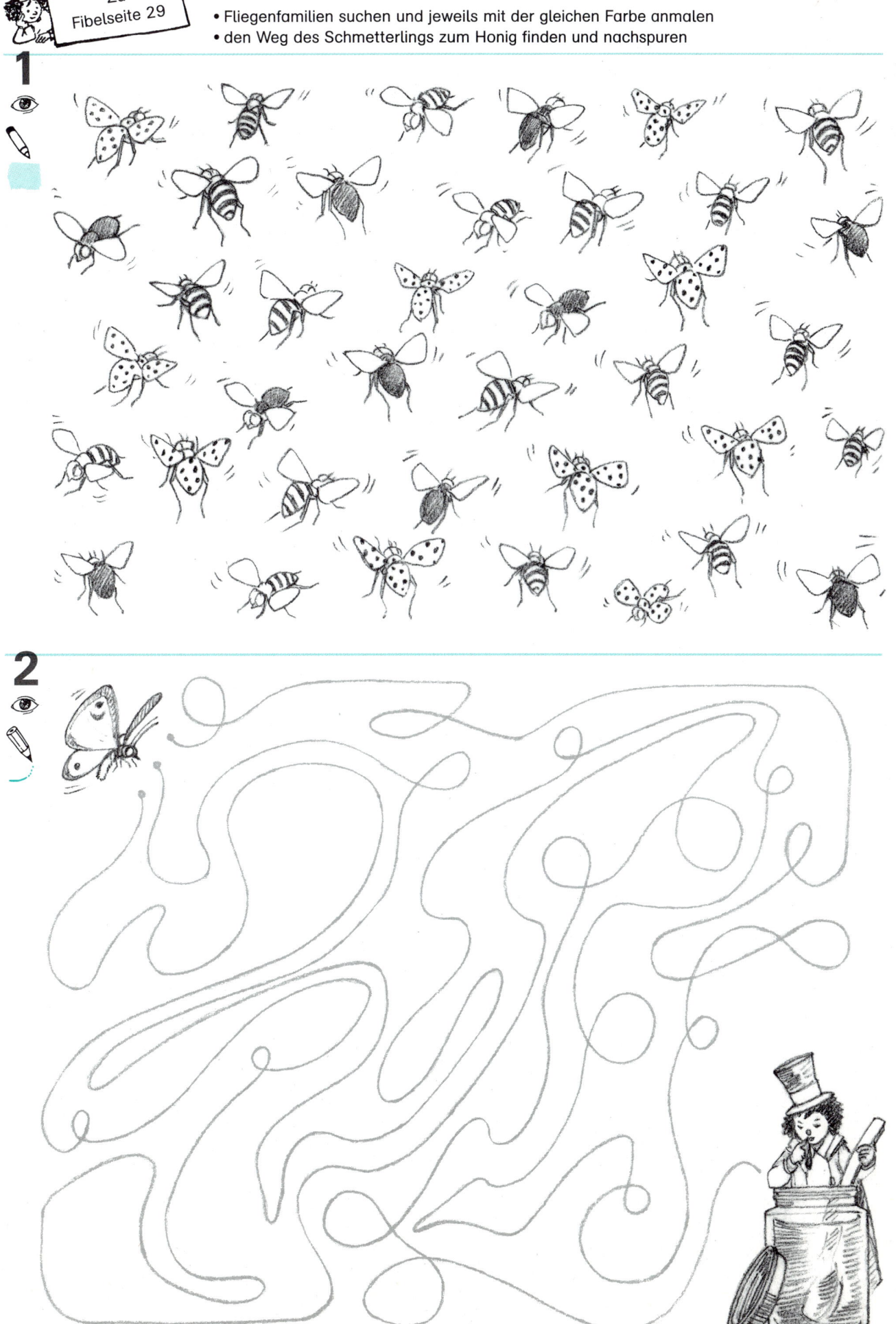

- Fliegenfamilien suchen und jeweils mit der gleichen Farbe anmalen
- den Weg des Schmetterlings zum Honig finden und nachspuren

1

2

Zu Fibelseite 29

- Buchstabe **F** kennen und schreiben lernen
- Bilder benennen, Laut **/F/** als An-, In- und Auslaut erkennen
- **F** im Wortzusammenhang schreiben

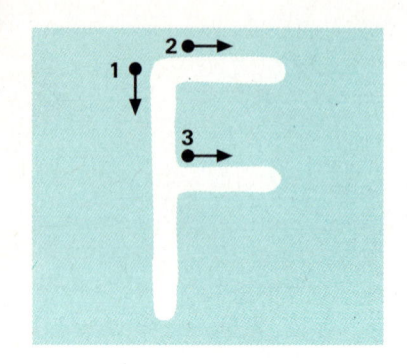

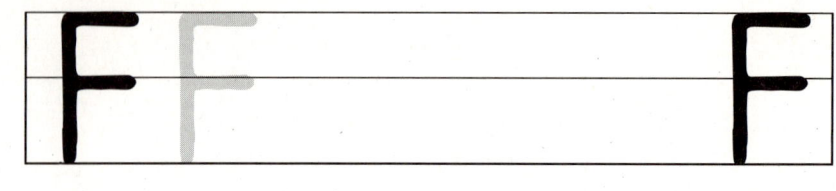

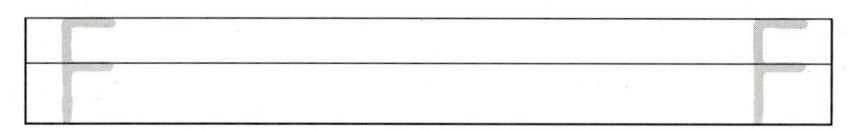

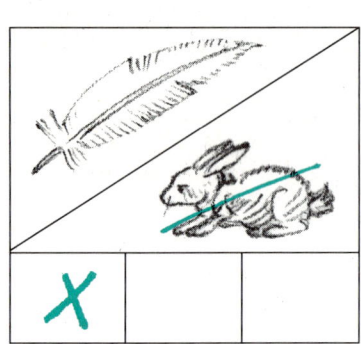

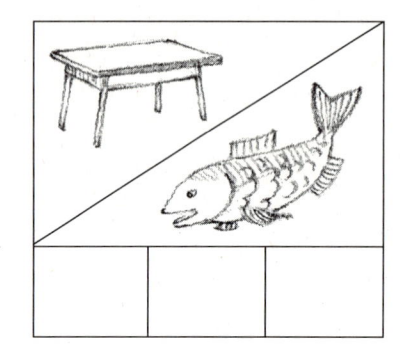

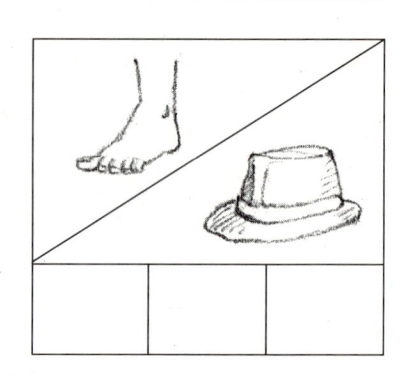

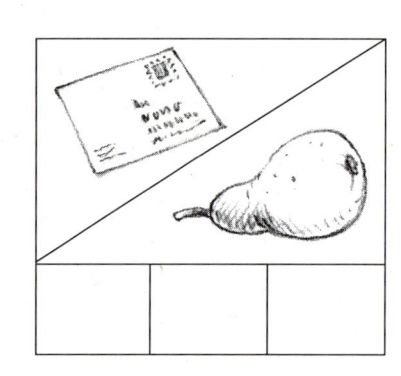

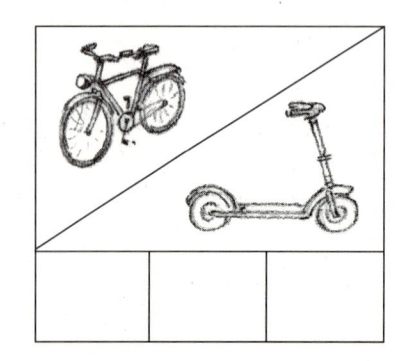

1

F   F F   F

2

3

Film Film

Foto Foto

Zu Fibelseite 29

- Buchstabe **f** kennen und schreiben lernen
- **F/f** in den Fußspuren einkreisen und in der großen Form nachspuren
- **F/f** nachspuren
- **F/f** im Satzzusammenhang schreiben

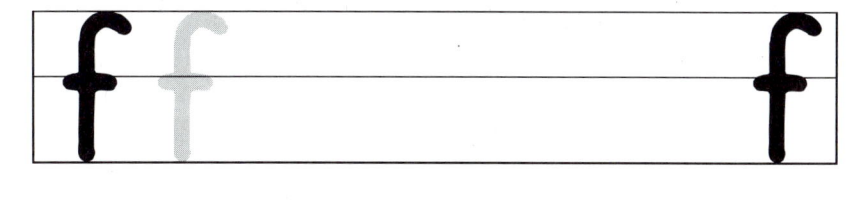

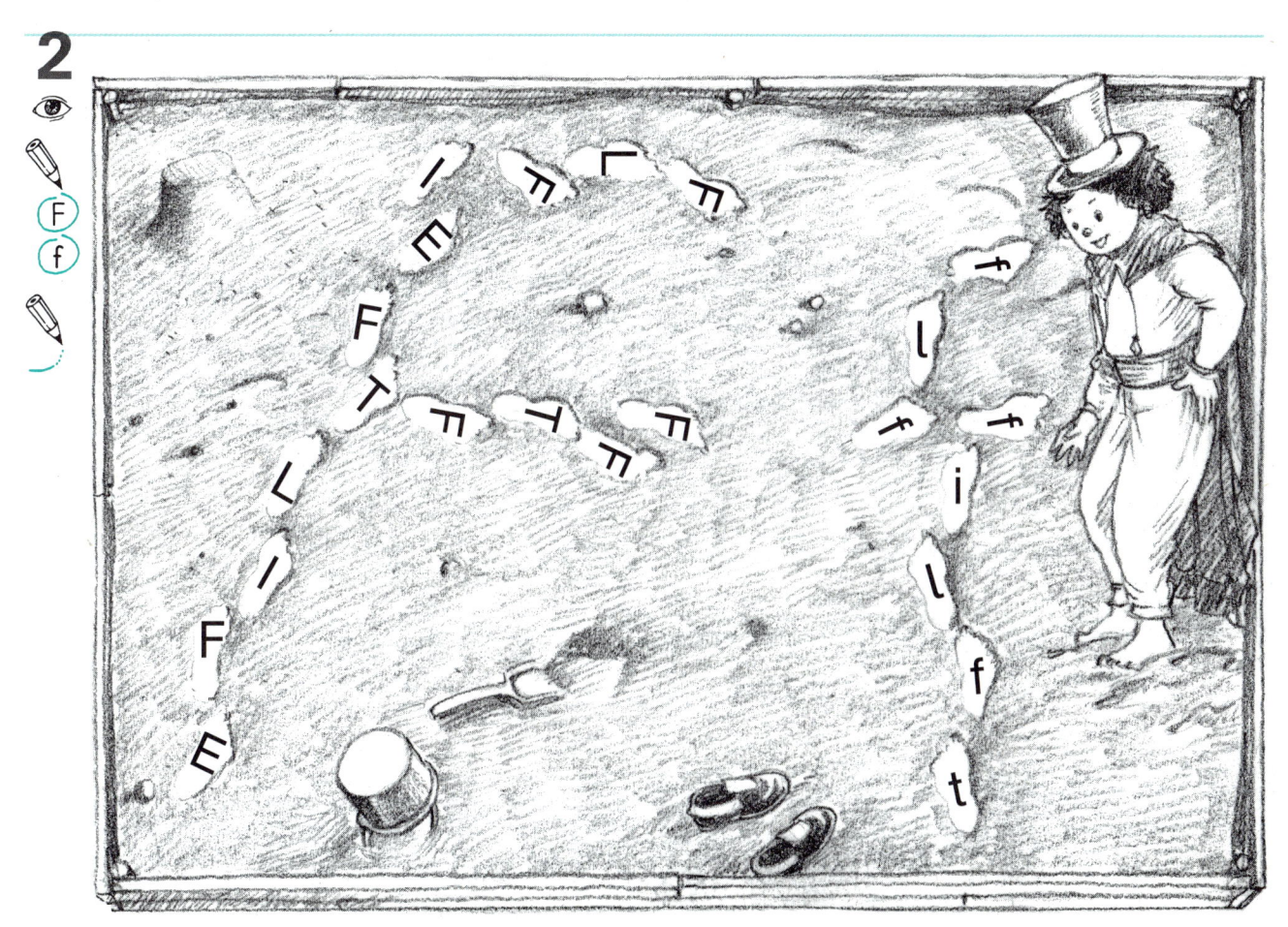

1

f f f

f f

2

3 Wenn hinter Fliegen Fliegen fliegen, fliegen Fliegen Fliegen nach.

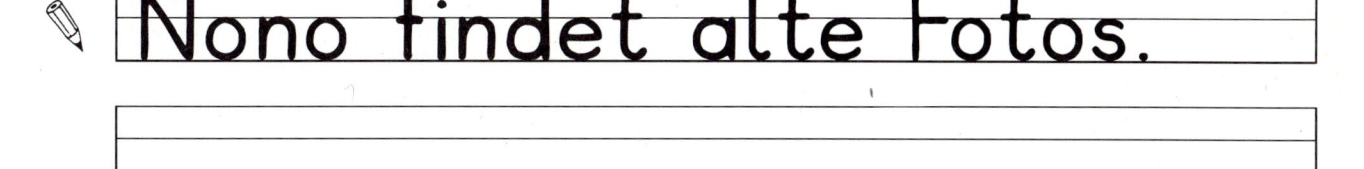

4 Nono findet alte Fotos.

Zu Fibelseite 29

- Laute und Buchstaben zuordnen, Wort erlesen und in die Lineatur eintragen
- fehlende Buchstaben ergänzen
- lesen und entsprechend anmalen

1

2

☆aden   Tele☆on

   Ele☆ant

So☆a   ☆enster

   Sa☆t

Lu☆t

3

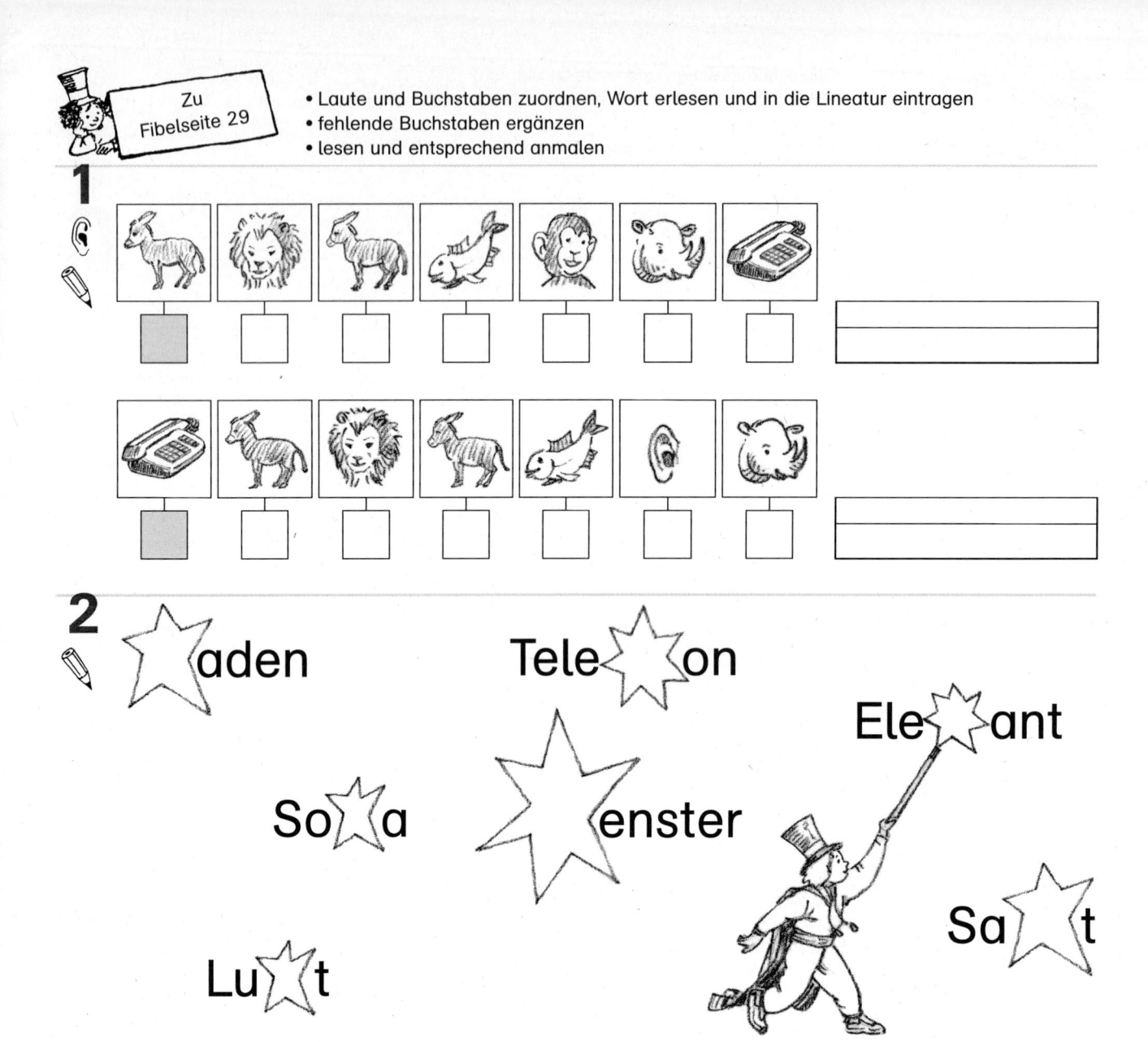

Findest du Nono?
Findest du Lili?
Findest du Oli?
Male Lili, Nono und Oli an.

Zu Fibelseite 31

- nach links schwimmende Fische mit der linken Angel verbinden
- nach rechts schwimmende Tiere mit der rechten Angel verbinden
- Muster des großen Fisches nachfahren und ergänzen

Zu Fibelseite 31

- Buchstabe **B** kennen und schreiben lernen
- Bilder benennen, Laut **/B/** als An-, In- und Auslaut erkennen, Bilder richtig zuordnen und einzeichnen
- **B** im Wortzusammenhang schreiben

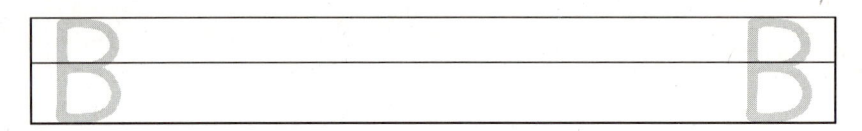

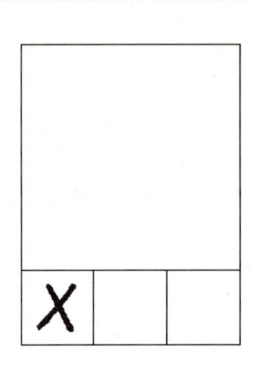

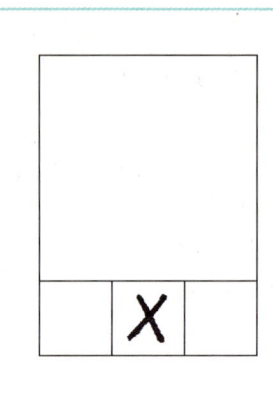

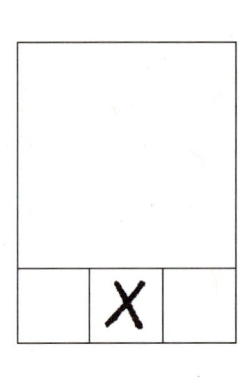

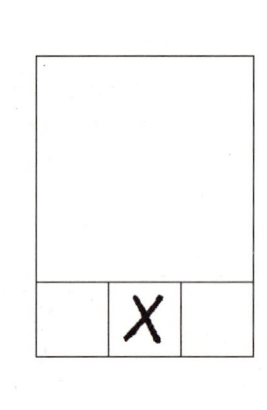

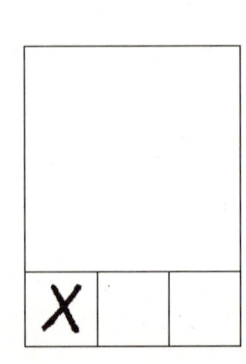

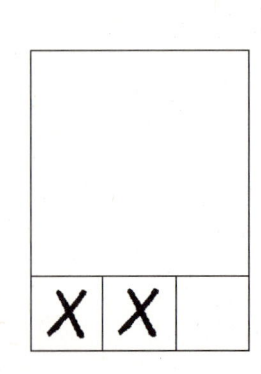

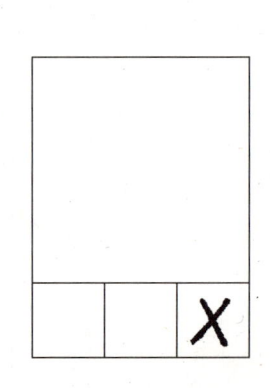

1

B   B   B   B

B   B   B

2

3

Bruder

Banane

56

Zu Fibelseite 31

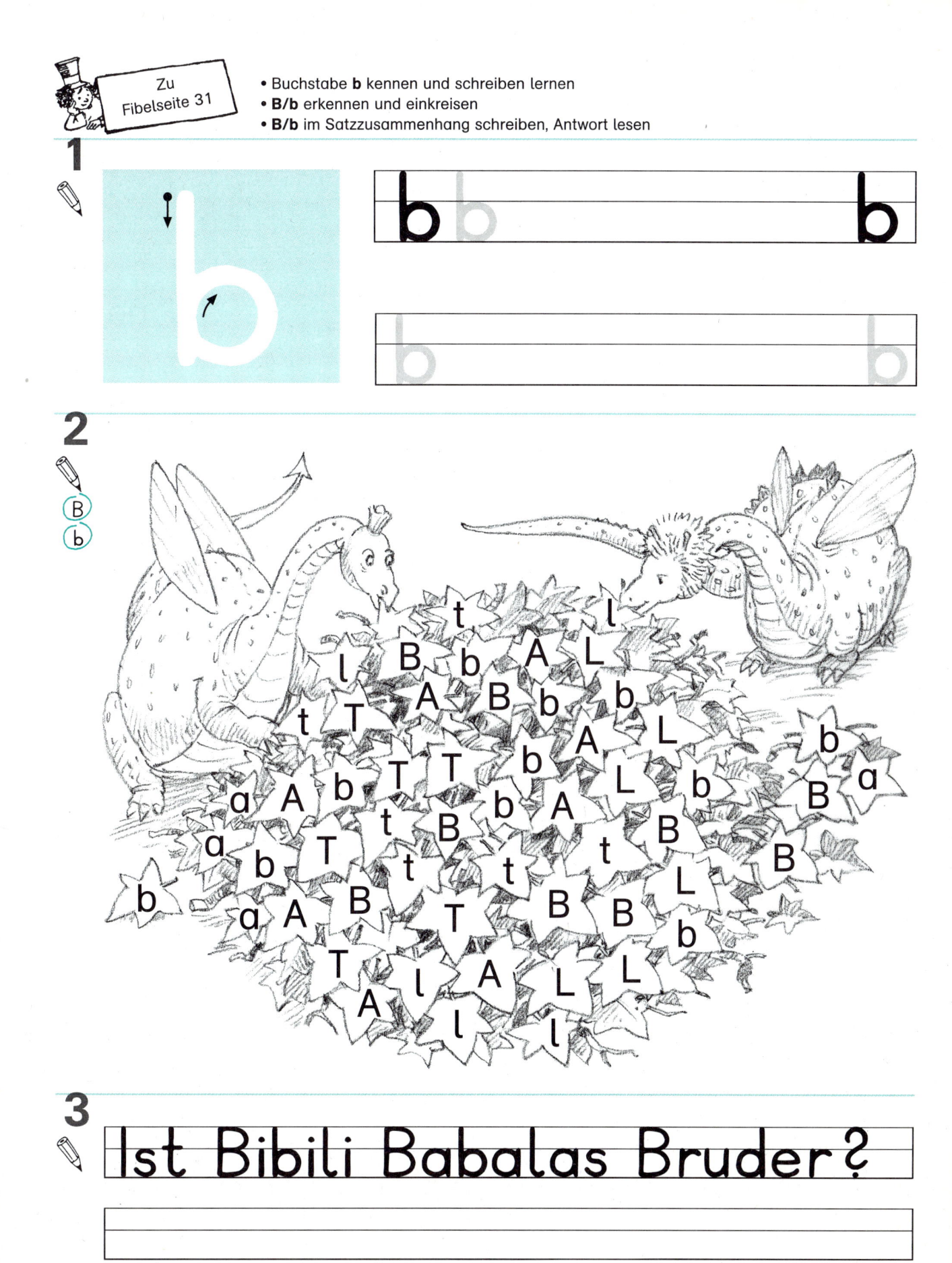

- Buchstabe **b** kennen und schreiben lernen
- **B/b** erkennen und einkreisen
- **B/b** im Satzzusammenhang schreiben, Antwort lesen

1

2

3 Ist Bibili Babalas Bruder?

Nein. Bibalu ist Babalas Bruder.

Zu Fibelseite 31

- Silben, die ein Wort bilden, in der gleichen Farbe anmalen
- die vorgegebenen Wörter aus Aufgabe 1 schreiben und malen
- sinnerfassend lesen und passenden Satz mit Bild verbinden

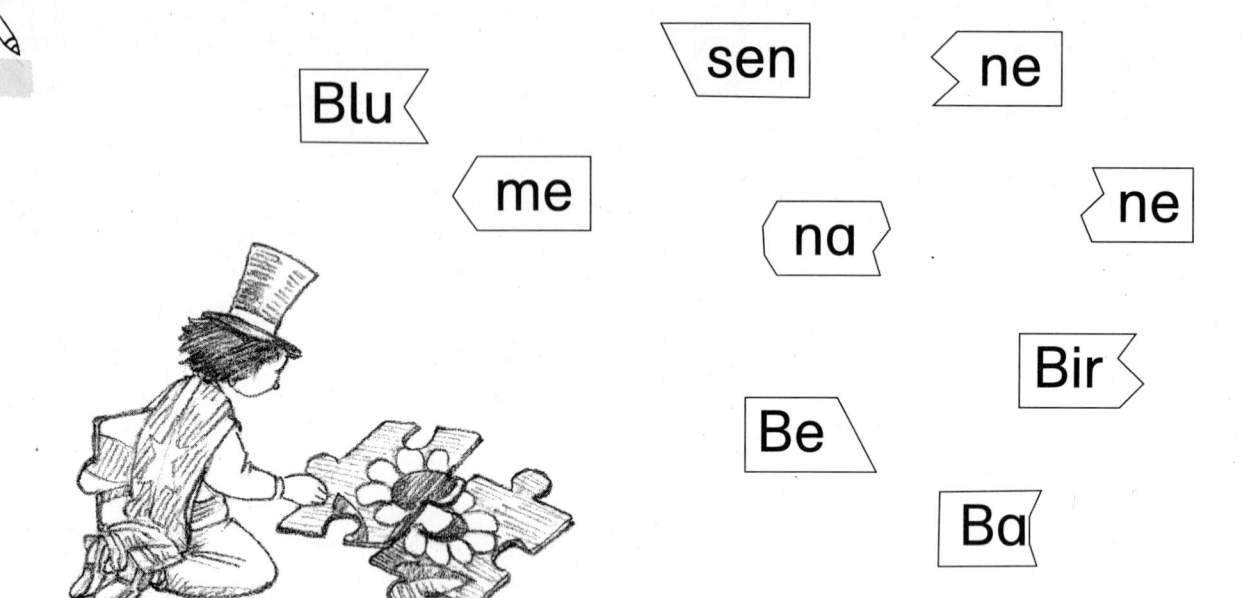

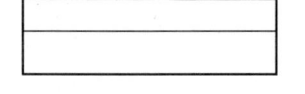

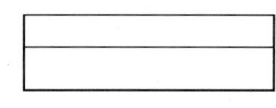

1

Blu — sen — ne
me — na — ne
Be — Bir
Ba

2

Besen

3

Alle sind am Boden.

Babala und Bibalu essen.

Dodelu, Lili, Oli und Babala sind in der Luft.

Zu Fibelseite 33

• Reimwörterspiel mit den Lauten:
au, **ei**, **eu**, kurzer/langer i-Laut, kurzer/langer o-Laut, kurzer/langer a-Laut

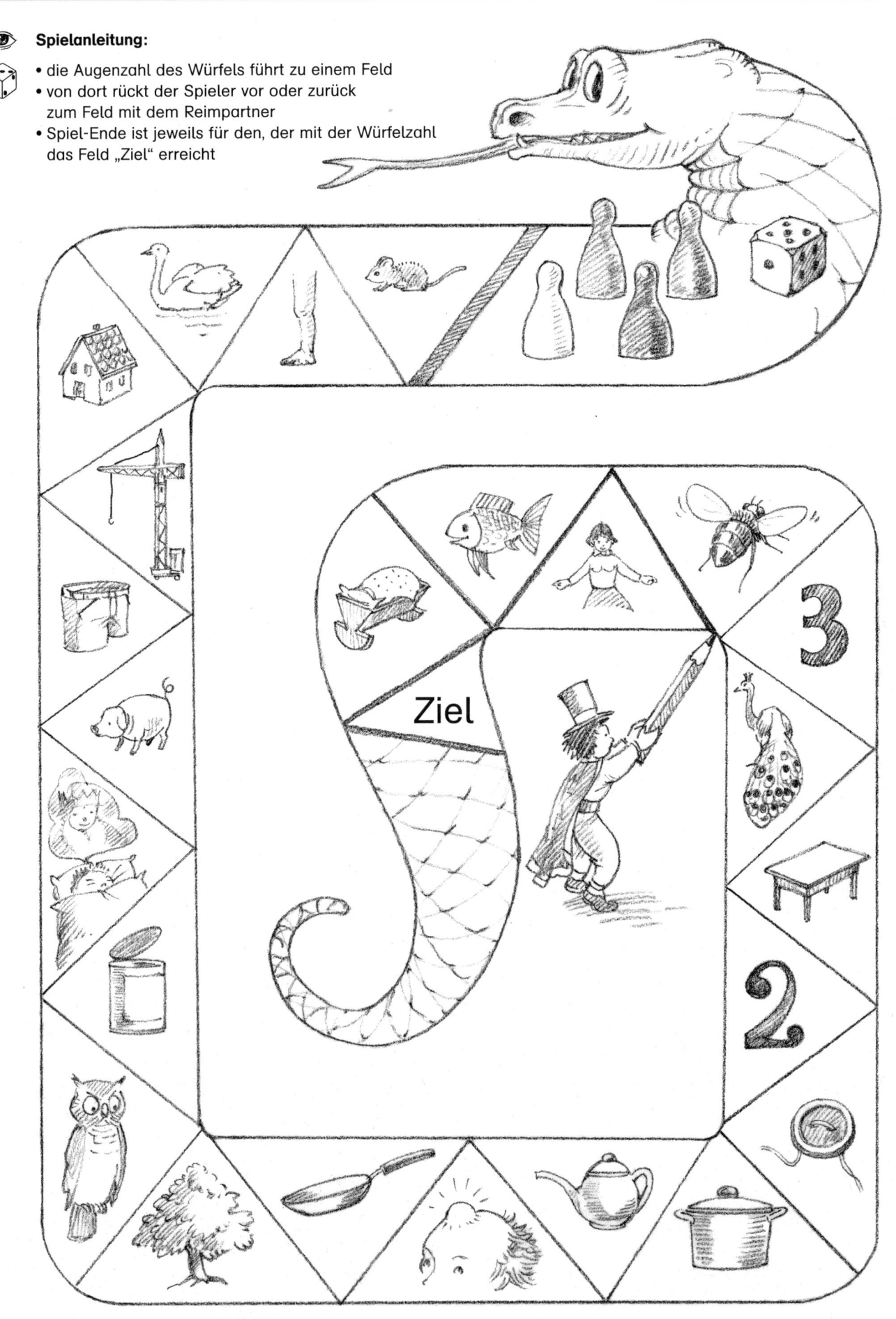

Spielanleitung:

- die Augenzahl des Würfels führt zu einem Feld
- von dort rückt der Spieler vor oder zurück zum Feld mit dem Reimpartner
- Spiel-Ende ist jeweils für den, der mit der Würfelzahl das Feld „Ziel" erreicht

59

Zu Fibelseite 33
- Buchstabe **Z** kennen und schreiben lernen
- Laut **/Z/** als An-, In- und Auslaut erkennen
- **Z** im Satzzusammenhang schreiben

1

Z z Z
z z

2

3

Zauberer Sim ruft im Zoo:

Zaubert Zebefanten!

Zu Fibelseite 33

- Buchstabe **z** kennen und schreiben lernen
- **z** und **Au/au** jeweils in einer Farbe anmalen
- **Z/z** im Satzzusammenhang schreiben

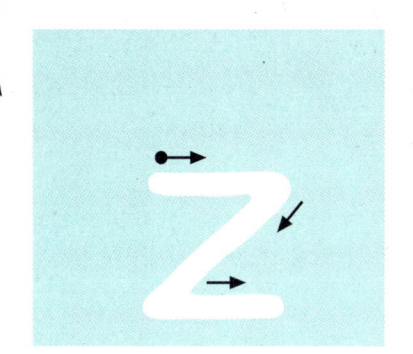

1

Z z   Z

z   z

2

z
Au
au

Auf der Mauer, auf der Lauer,
tanzt die blaue Wanze.
Auf der Mauer, auf der Lauer,
tanzt die blaue Wanze.
Seht da nur die Wanze an,
wie die Wanze tanzen kann!
Auf der Mauer, auf der Lauer,
tanzt die blaue Wanze.

3

Zauberin Sala zaubert:

zwei lila Zebras,

zwei tanzende Wanzen.

Zu Fibelseite 33

- Wörter mit **au** aus dem Zauberbaum zu den Bildern schreiben
- Wörter in der Lineatur lesen und entsprechendes Bild malen
- Wortzeile und Bild nach eigener Wahl füllen
- **au** jeweils einkreisen

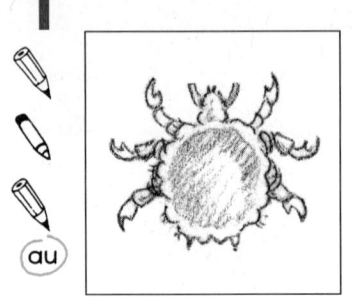

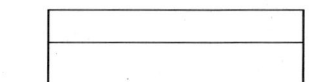

1

Maus   blau

Frau   Traum

62

Zu Fibelseite 35
- Zacken des Drachen nachspuren
- Bilder benennen, Bild einkreisen, wo der Laut **/ei/** zu hören ist
- Dinge, die zusammengehören, verbinden

1

Zu Fibelseite 35

- Buchstabe **W** kennen und schreiben lernen
- Laut **/W/** als An-, In- und Auslaut erkennen
- **W** im Wortzusammenhang schreiben

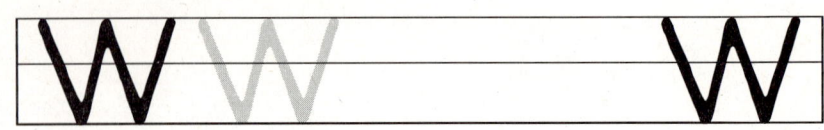

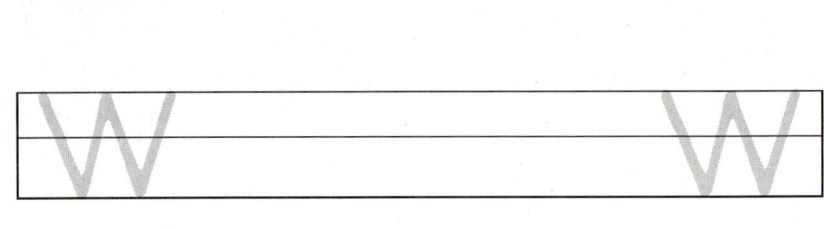

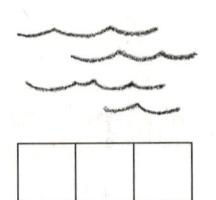

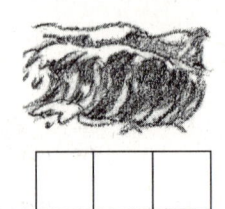

1

W W W
W W

2

3

Wasser Wellen Wind

Wasser

Zu Fibelseite 35

- Buchstabe **w** kennen und schreiben lernen
- **W/w** erkennen und einkreisen
- **w** im Wortzusammenhang schreiben

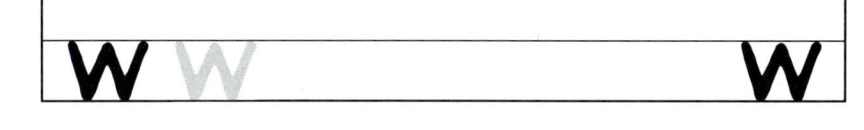

1

W   w   W

        w   w

2

Ⓦ
ⓦ

WMWWANHWELLENVVWW

wwschwimmenwvwvxwkw

WASSERUVWXYZYXWVUW

zuwrwüyxwxwwvwnassww

3

wer   was

wann   wo

Zu Fibelseite 35

- Felder mit **Ei** und **ei** ausmalen
- Wörter mit **Ei/ei** finden und einkreisen
- Wörter zu den Bildern schreiben
- andere Wörter mit **ei** schreiben und dazu malen; weitere Wörter aufschreiben

1

E i	m	e	r	A	a	l	L	e	b	e	n
f	i	t	ei	u	d	r	ei	b	e	l	w
e	t	z	s	o	l	l	t	e	z	w	ei
r	Q	R	e	n	i	t	e	n	z	o	n
P	B	ei	n	e	G	B	r	ei	B	o	e
o	a	t	M	a	g	e	n	O	a	d	n
st	d	e	r	U	f	o	L	ei	n	e	K
w	e	r	a	L	r	Ei	Ö	n	a	g	e
ei	h	o	f	M	ei	s	e	s	n	Ä	b
t	o	u	f	o	K	L	B	r	e	Z	a
e	s	n	ei	n	X	W	ei	z	e	n	b
r	e	A	n	d	S	ei	l	A	B	C	Ei

2

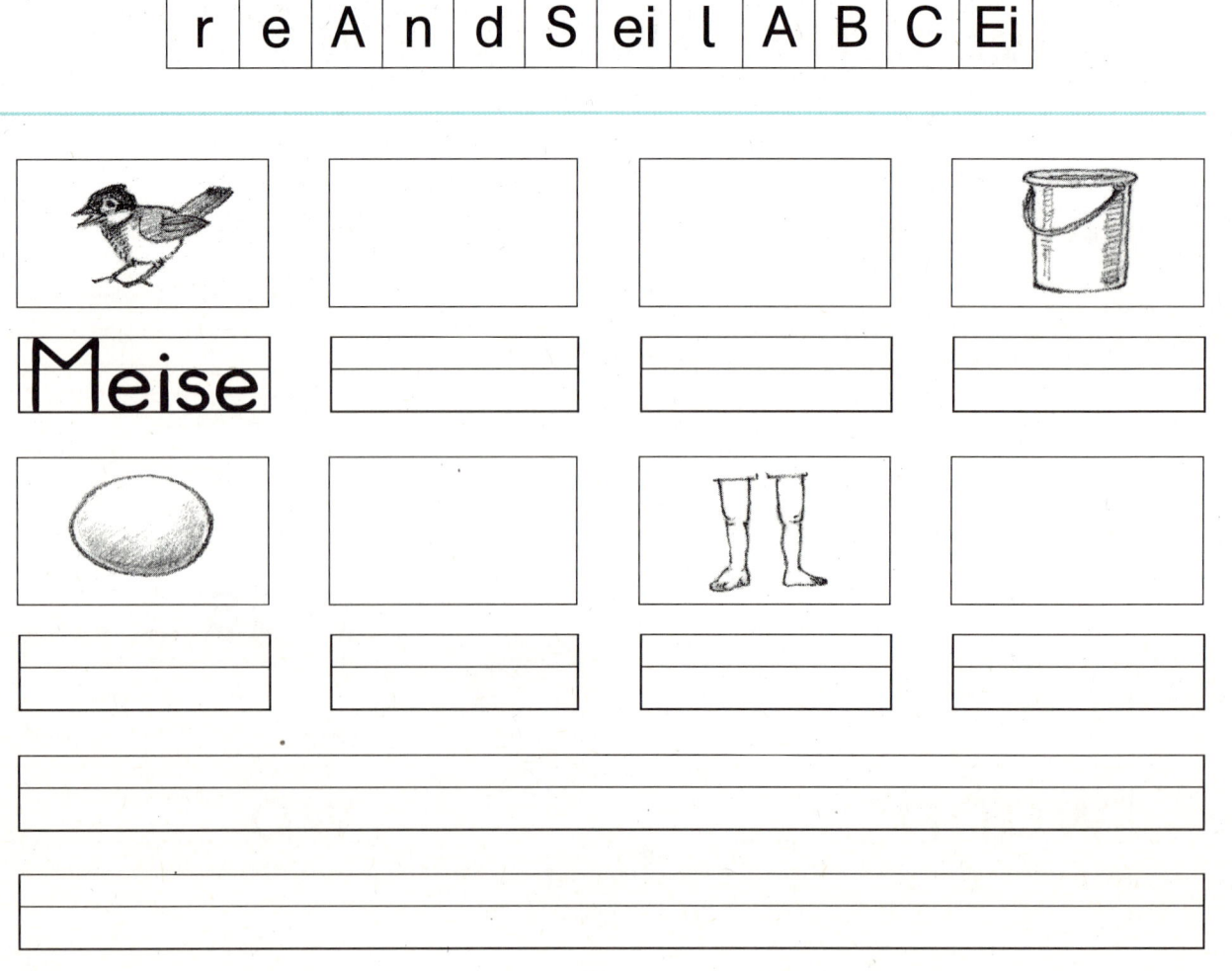

Meise

Zu Fibelseite 37

- die Gegenstände in den Schachteln wiedererkennen und verbinden
- für die Anlaute der Gegenstände die passenden Buchstaben eintragen; lesen
- Punkte der Rennstrecke nachspuren und dann übertragen

1

WIE SCHÖN, DASS DU GEBOREN BIST!

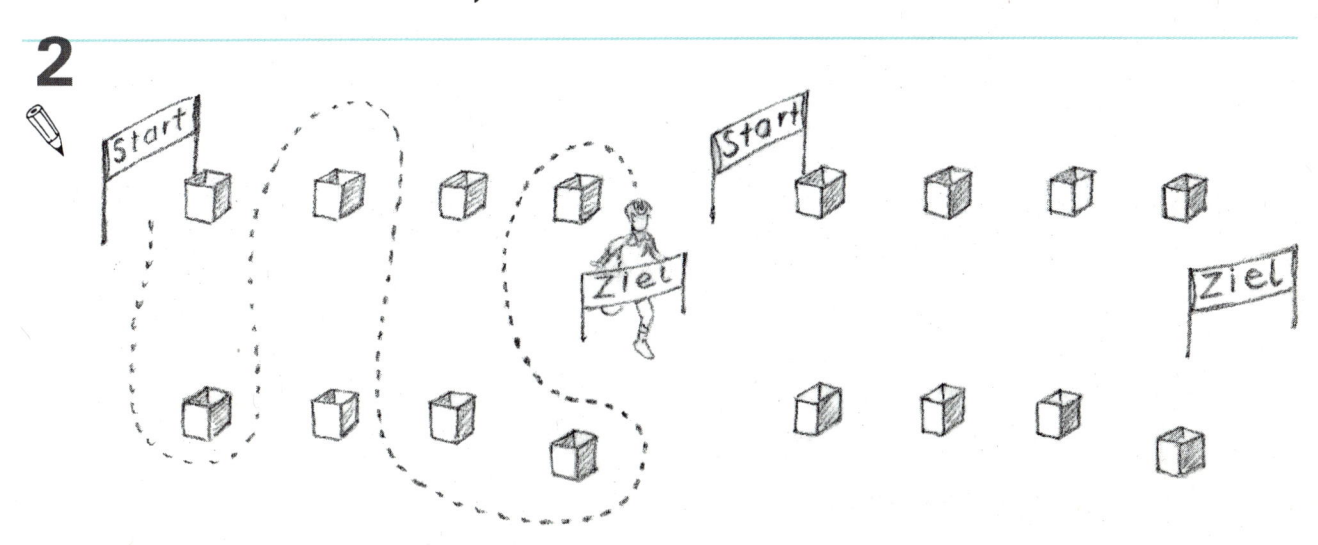

2

Zu Fibelseite 37

- Buchstabe **H** kennen und schreiben lernen
- Bilder benennen, Laut **/H/** als An-, In- und Auslaut erkennen, falsches Bild durchstreichen
- Reimpaare ergänzen und schreiben
- Hans Hase finden und anmalen

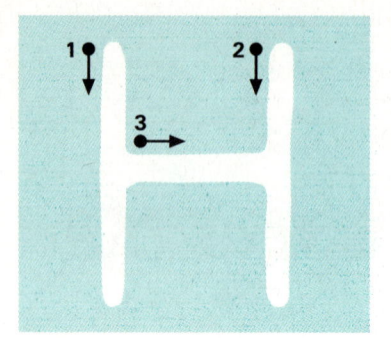

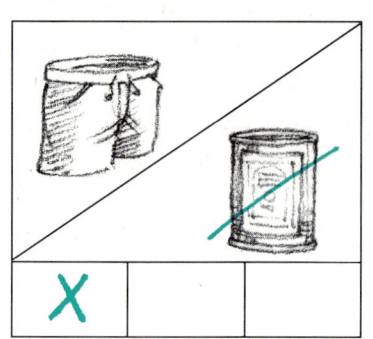

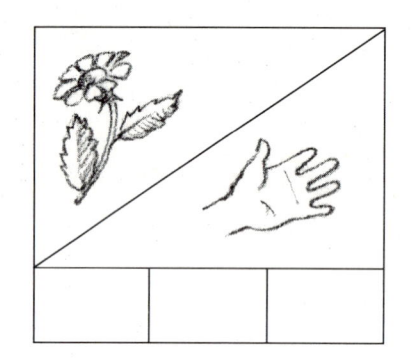

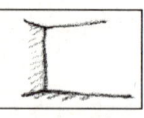

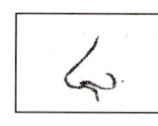

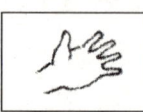

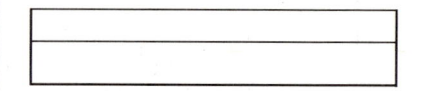

1

2

3

Wand   Nase

Hand

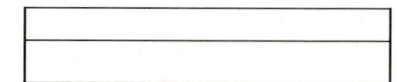

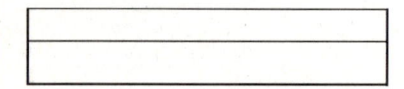

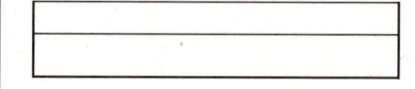

Rose

4 Wo ist Hans Hase?

68

Zu Fibelseite 37

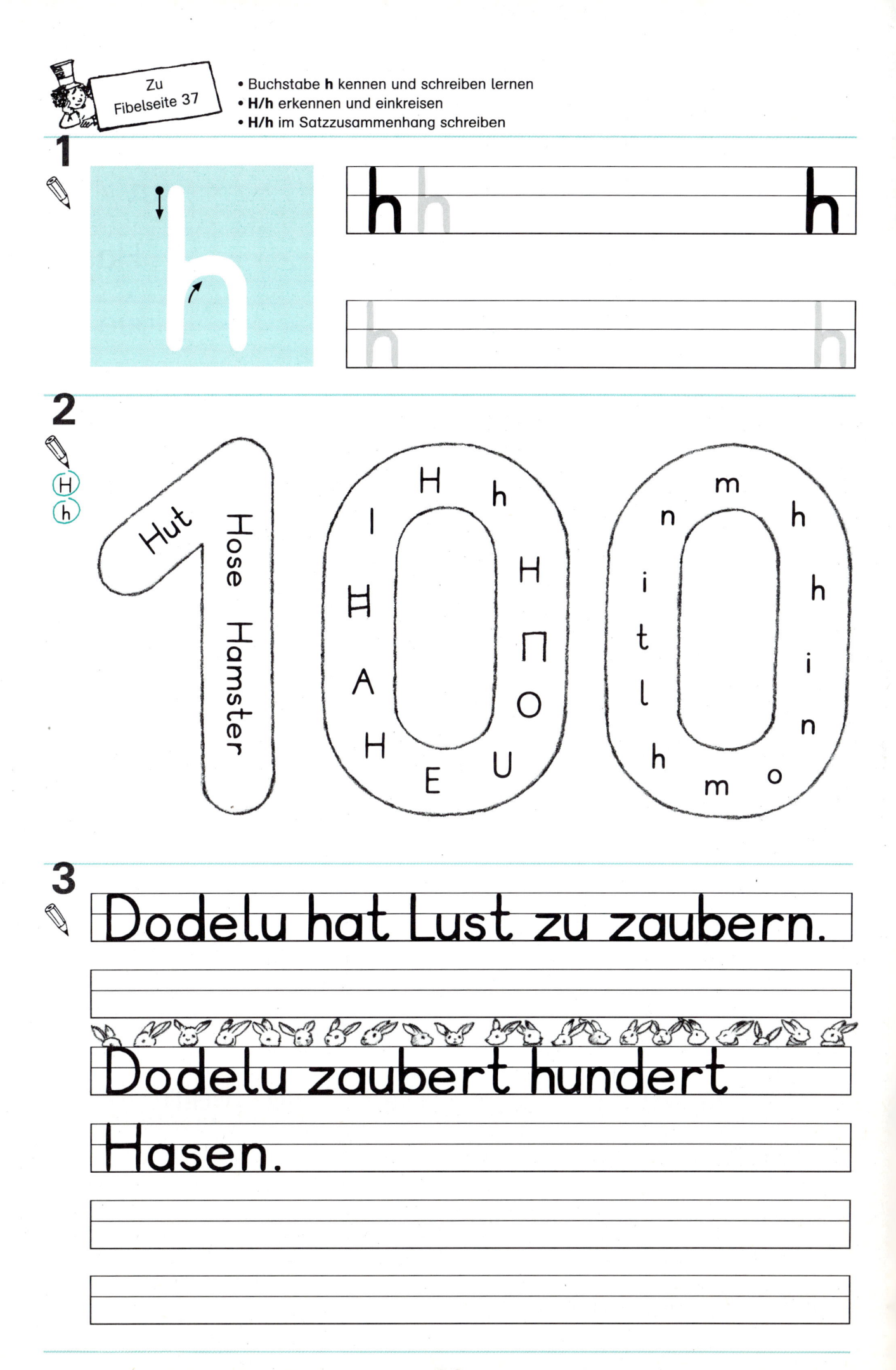

- Buchstabe **h** kennen und schreiben lernen
- **H/h** erkennen und einkreisen
- **H/h** im Satzzusammenhang schreiben

1

h   h   h

2

Ⓗ
ⓗ

Hut   Hose   Hamster

I H h m
I H n h
A П i h
H O t i
H E U l n
          h m o

3

Dodelu hat Lust zu zaubern.

Dodelu zaubert hundert Hasen.

69

Zu Fibelseite 37

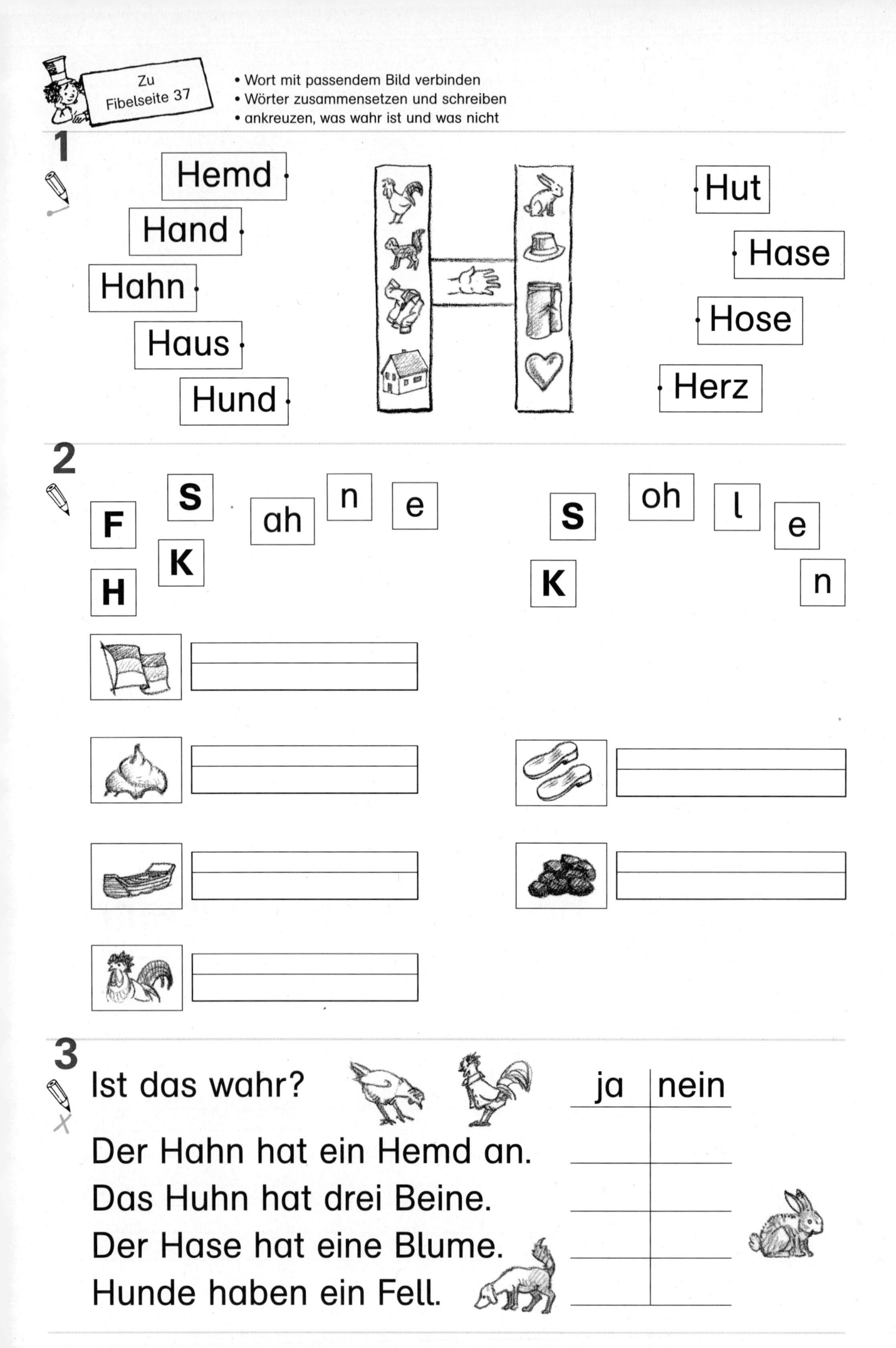

- Wort mit passendem Bild verbinden
- Wörter zusammensetzen und schreiben
- ankreuzen, was wahr ist und was nicht

1

Hemd · Hand · Hahn · Haus · Hund

Hut · Hase · Hose · Herz

2

F / S / K / H   ah   n   e

S / K   oh   l   e / n

3

Ist das wahr?   ja | nein

Der Hahn hat ein Hemd an.
Das Huhn hat drei Beine.
Der Hase hat eine Blume.
Hunde haben ein Fell.

Zu Fibelseite 39
- **ie** erkennen und einkreisen, in den Wörtern nachspuren
- Reimpaare finden und eintragen
- Nonos Brief lesen und **ie** inkreisen

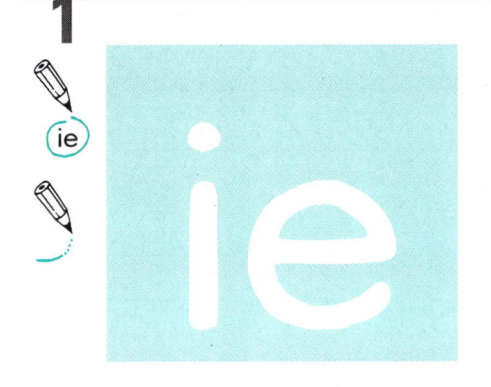

1

ie

ie

```
ee  ie  au  ei  ie  au  eu  ie  ai  ei
ie                                    au
ei   Brief  Tier                      ai
ie                                    ei
ee   Biene  Sieb                      ie
ie  eu  ei  ee  ie  au  ai  ie  ee
```

2 Findest du die Reime?

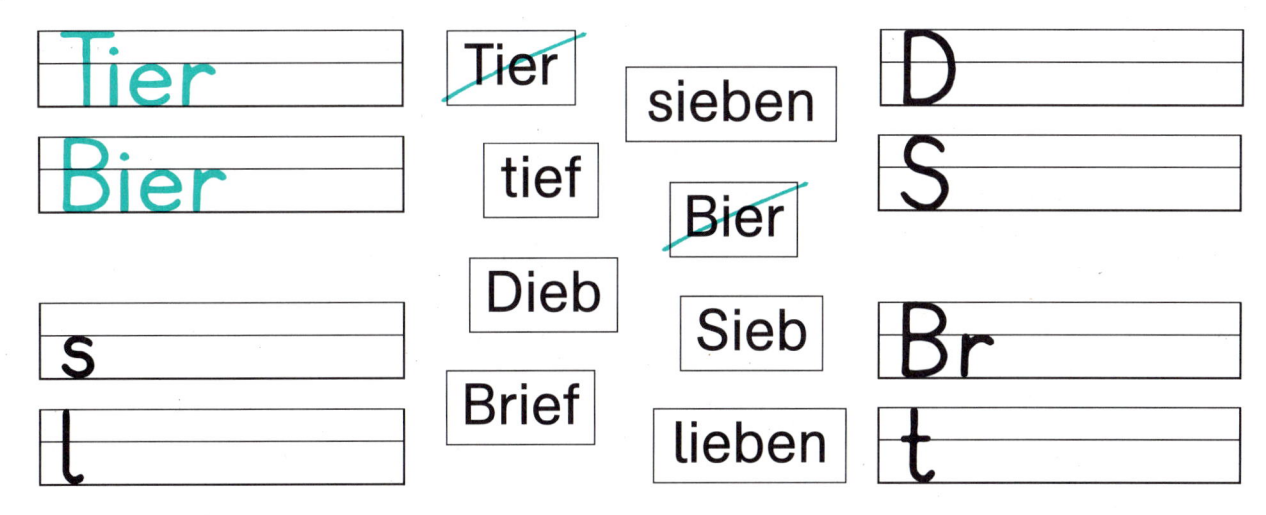

Tier
Bier
s_
l_

~~Tier~~
tief
Dieb
Brief

sieben
~~Bier~~
Sieb
lieben

D_
S_
Br_
t_

3

Liebe Lili,

in diesem Brief
sind sieben ie!
Kannst du sie finden?

Alles Liebe
dein Nono

71

Zu Fibelseite 39

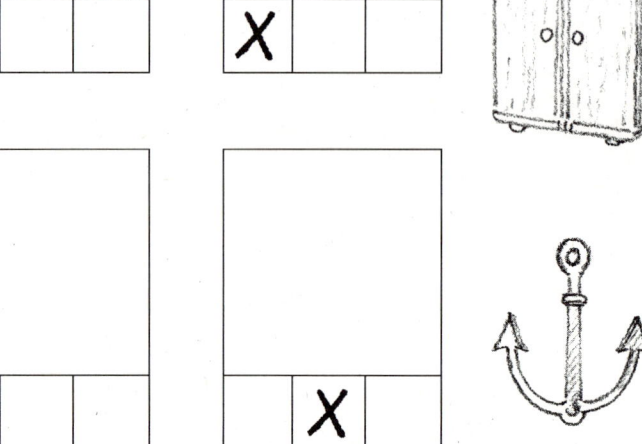

- Buchstabe **K** kennen und schreiben lernen
- Bilder benennen, Laut /K/ als An-, In- und Auslaut erkennen, Bilder den Kästchen zuordnen und einzeichnen
- **K** im Wortzusammenhang schreiben

1

K K K

2

3

Kamel

Kamm

Zu Fibelseite 39

- Buchstabe **k** kennen und schreiben lernen
- **K/k** einkreisen, Buchstaben durchstreichen, der nicht in dem Wort Kielak vorkommt
- Wort vervollständigen und eintragen
- **K/k** im Satzzusammenhang schreiben

1

k   k   k

k

2

K a ie
l k l k
K ie a

a ie K
l K k l
ie a k

K k ie
l a ie
K a l k

l ie p k
a k K
l ie K a

3

d
m   ein
k

4

Komm, kleines Kielak!

Zu Fibelseite 39

- Schüttelwörter ordnen und in die Lineatur eintragen
- Rätsel lösen
- lesen, entscheiden und das Kielak entsprechend anmalen

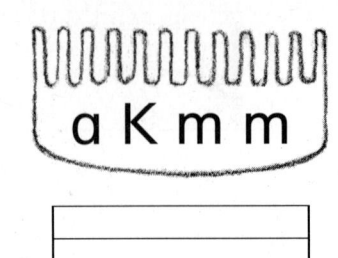

1

K r e z e

a K m m

K a k l ie

2

			m	m	
			l	l	
		h			
			t	t	

3

Male dem Kielak eine Krawatte oder eine Kette.

Male dem Kielak eine kurze Hose oder ein Kleid.

Es hat den Namen:

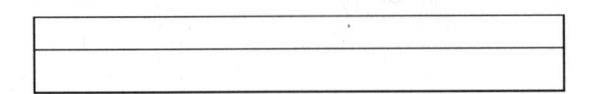

74

Zu Fibelseite 41

Spielanleitung:
- abwechselnd würfeln, Würfelzahl führt auf ein Wort oder Bild
- Felder mit dem **ch**-Wort jeweils mit der Farbe des Spielenden einfärben
- Spiel-Ende ist, wenn alle Wortfelder eingefärbt sind

ch

Licht

Becher

Spiel für zwei Kinder

Material:
2 Spielfiguren
2 Farbstifte
1 Würfel

Kuchen

Buch

Loch

Bach

Drache

Bauch

Tuch

Dach

75

Zu Fibelseite 41

- Buchstabe **P** kennen und schreiben lernen
- Bilder benennen, Laut **/P/** als An-, In- und Auslaut erkennen, den richtigen Paketen zuordnen
- Anlaute abhören, entsprechende Buchstaben einfügen, Wort schreiben
- **P** im Satzzusammenhang schreiben

1

P   P P   P

        P   P

2

3

4 Paul bekommt drei Pakete.

Zu Fibelseite 41
- Buchstabe **p** kennen und schreiben lernen
- **P/p**-Felder anmalen
- Wörter mit **P/p** lesen, sechs Wörter aussuchen und in die Lineatur eintragen

1

2

P
p

3

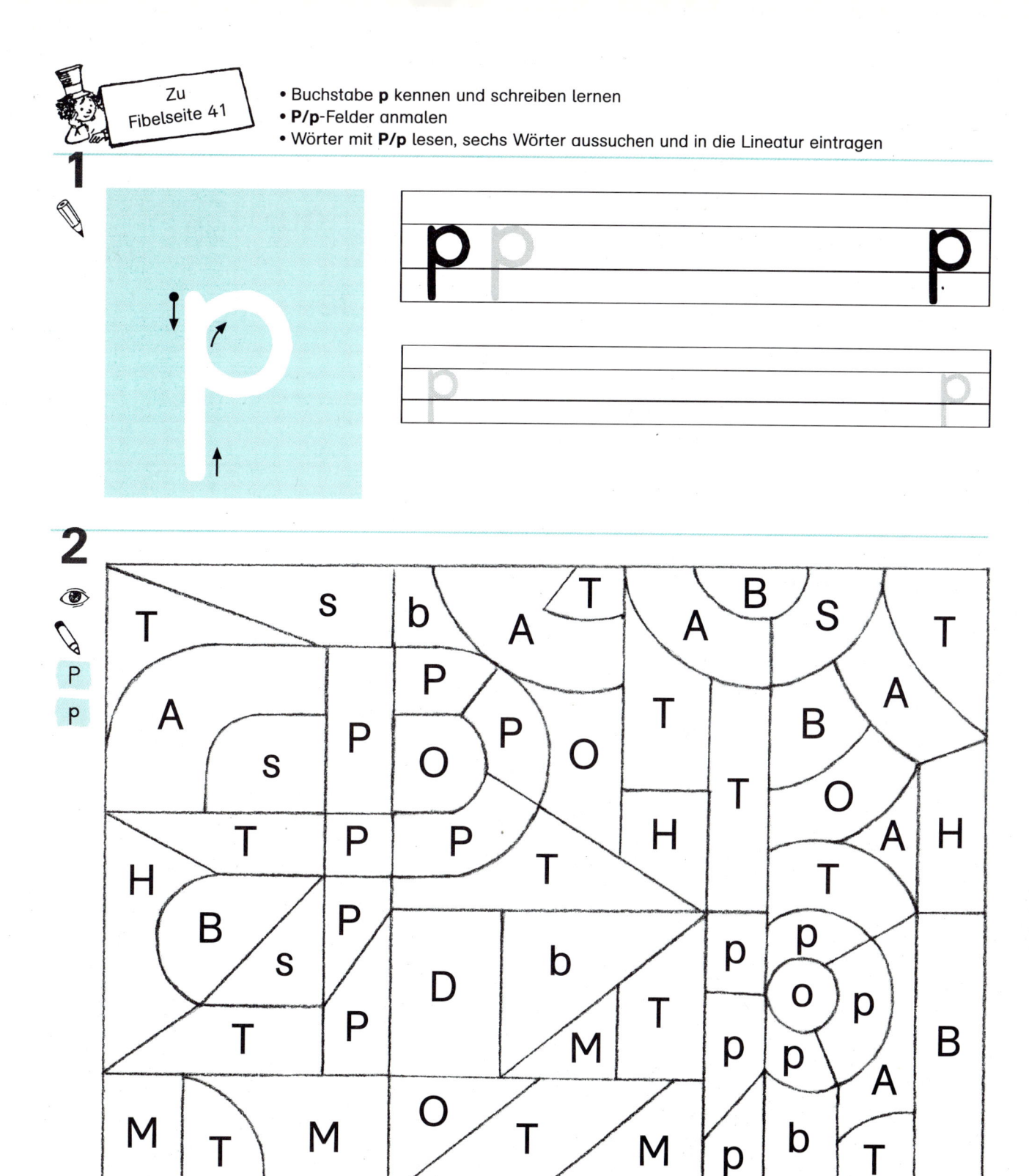

Pudel   Pinsel   Perle   Puder   Lampe   Ampel
Tapete   Suppe   Puppe   Pirat   Palme   Tulpe

77

Zu Fibelseite 41

- **ch** anmalen
- **ch** in Wörter einsetzen, lesen
- entstandene Wörter eintragen
- Sätze erlesen und die Zeichnung ergänzen

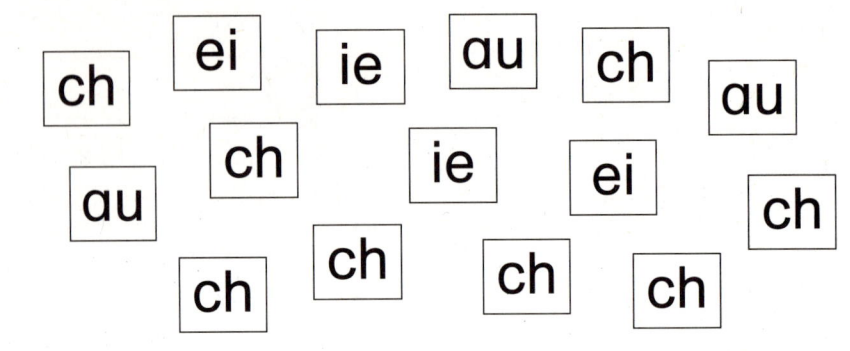

1

ch

ch	ei	ie	au	ch	au
au	ch	ie	ei	ch
ch	ch	ch	ch

2

su__en   la__en
tau__en   hor__en
re__nen   ko__en
po__en   di__ten

Das mache ich oft

3

Sim kocht eine besondere Suppe.

Was sucht Sala denn da?

Bim dichtet. Er braucht deine Hilfe.

Puppe

Pudel

Zu Fibelseite 43

• Auge-Hand-Koordination: Spurenwege nachspuren

Zu Fibelseite 43

- Wörter mit **Sp/sp** lesen und **Sp/sp** einkreisen
- je vier Wörter mit **Sp/sp** in die Lineatur eintragen
- Wörter mit Spiegel lesen und eintragen

1

Sprudel   Spiegel   Spur   Spiel   Spinat   knuspern   Wespe   Kasper   wispern

2

Sp wie in   sp wie in

3

Spinne   Otto   Spinat   Anne   Gespenst

Zu Fibelseite 43

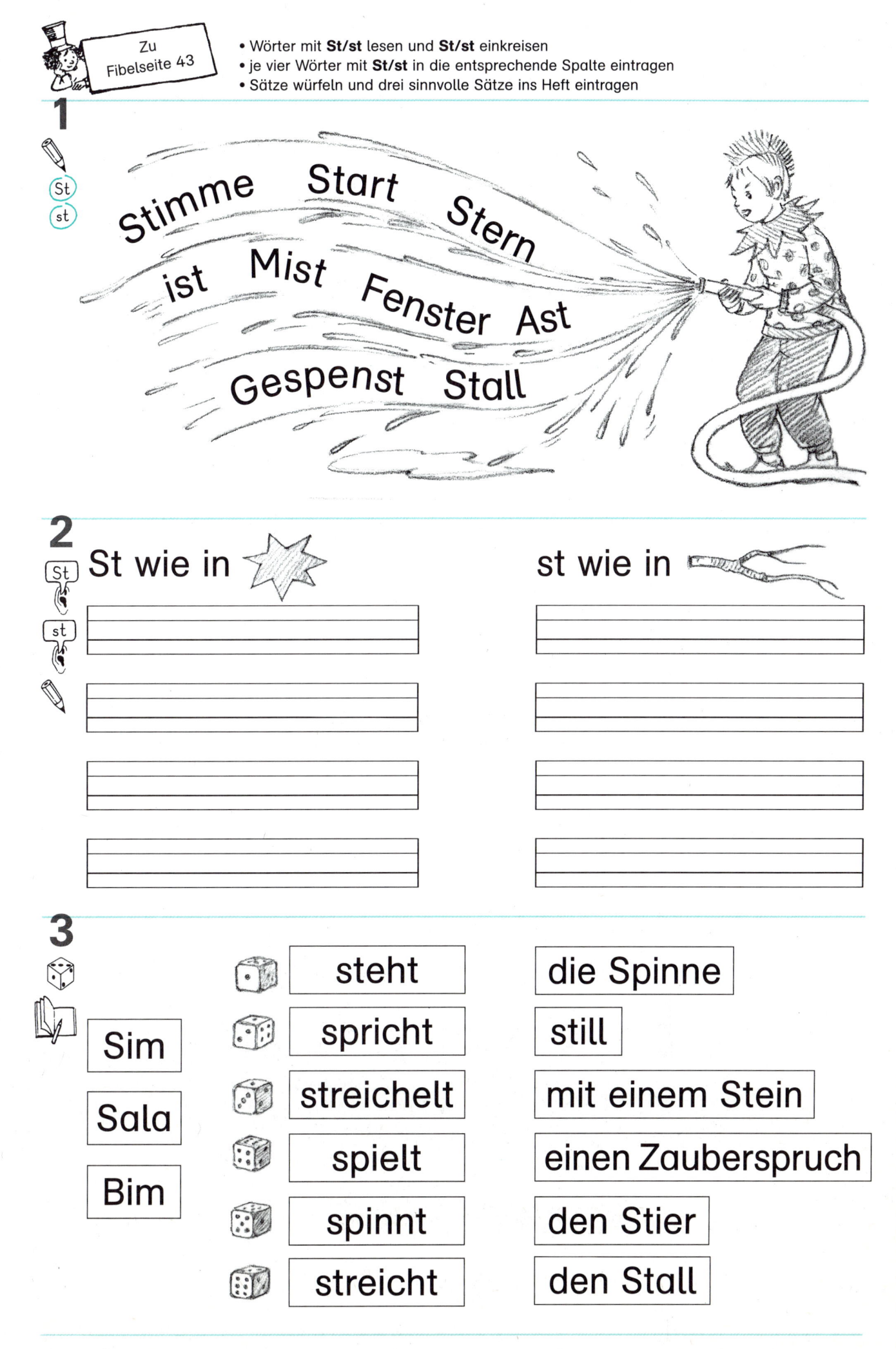

- Wörter mit **St/st** lesen und **St/st** einkreisen
- je vier Wörter mit **St/st** in die entsprechende Spalte eintragen
- Sätze würfeln und drei sinnvolle Sätze ins Heft eintragen

1

Stimme   Start   Stern
ist   Mist   Fenster   Ast
Gespenst   Stall

2

St wie in   st wie in

3

Sim   Sala   Bim

steht	die Spinne
spricht	still
streichelt	mit einem Stein
spielt	einen Zauberspruch
spinnt	den Stier
streicht	den Stall

81

Zu Fibelseite 43

- in die leeren Felder die Wörter für die Abbildungen eintragen;
  die Buchstaben auf den grau unterlegten Feldern ergeben ein neues Wort
- Satz erlesen, Buchstaben ergänzen
- vier Zutaten für den Zaubertrank zusammensetzen und eintragen

1

2

W_nn _an zau_ert, m_ss e_ st_nken.

3

Raben-Zeh

Raben   Feder
Ratten   Zeh
Vogel   Schwanz
Spinnen   Bein

Zu Fibelseite 45

• Bild ergänzen

Zu Fibelseite 45

- Buchstabe **G** kennen und schreiben lernen
- Laut /G/ als An-, In- und Auslaut erkennen
- Silben zu Wörtern zusammensetzen, Wörter schreiben

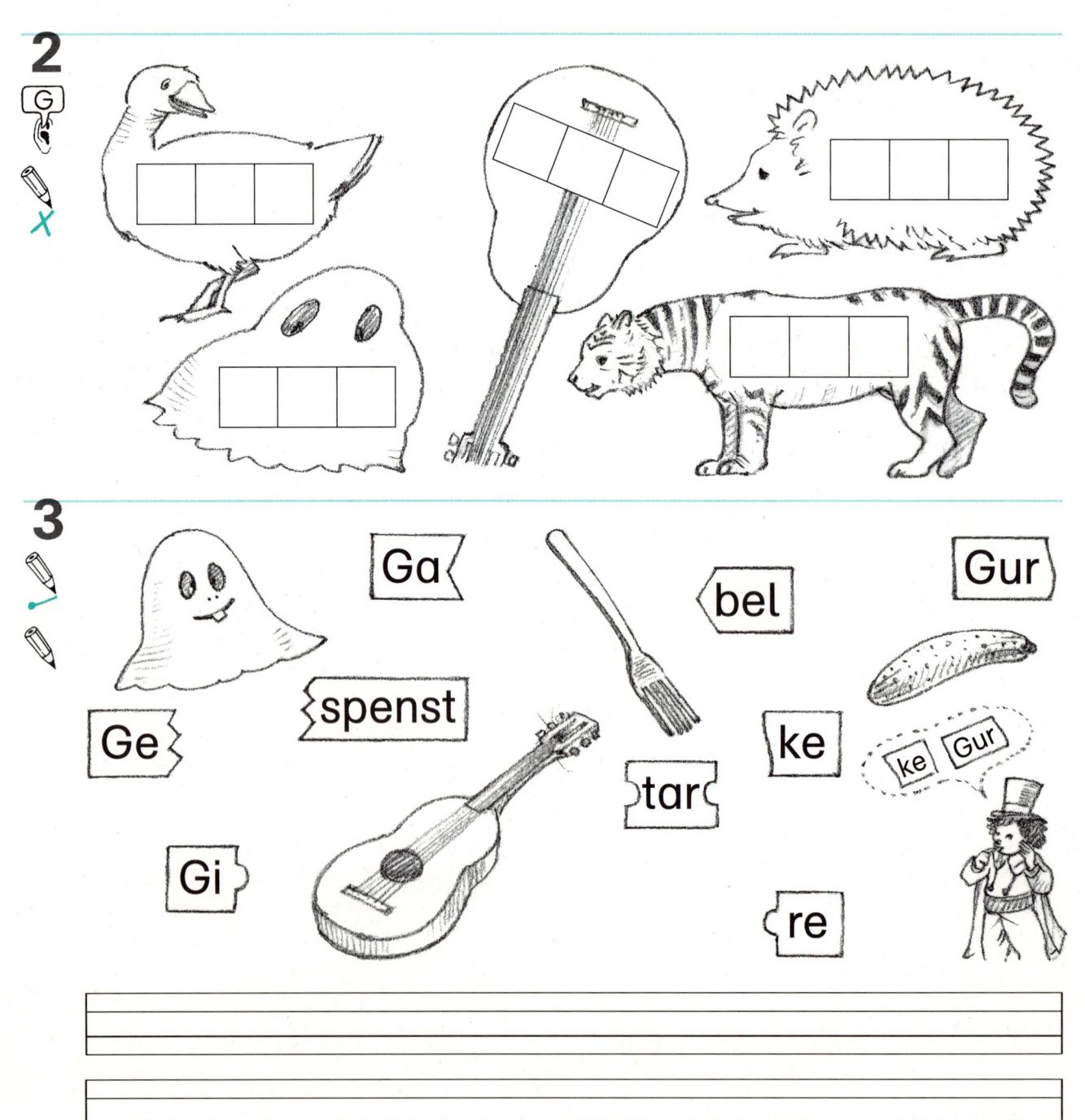

1

G G   G

G   G

2

3

Ga   bel   Gur

Ge   spenst   ke

tar

Gi   re

84

Zu Fibelseite 45

- Buchstabe **g** kennen und schreiben lernen
- Unsinnwörter lesen, dann richtige Tiernamen eintragen
- Wortstamm und Endung ergänzen, richtige Sätze bilden
- Sätze bilden und ins Heft schreiben

1

g g   g

g   g

2 So ein Unfug

Gamster _____   Nasgorn _____

Giger _____   Hage _____

Elegant _____   Euge _____

3

Der Giger ist _____.

Nono ist _____.

Ist Babala sehr _____?

mu · durs · sig
lus · rie · rig
trau · tig

4

Ich mache · immer · selten · gerne · nie · Hausaufgaben · Unfug · Pause

85

Zu Fibelseite 47
- **Eu/eu** im Wort erkennen und farbig nachspuren
- Wörter ergänzen, neunte Eule suchen und anmalen
- Text lesen und Lücken ergänzen

1

Eu
eu

Eu / eu

Eule Freund Beule
heute streuen freuen
neu neun Feuer Leute

2

te te er er le le en en

Leu __   Feu __   Beu __

teu __   heu __   Eu __

streu __   freu __

Wo ist die neunte Eule?

3

Lili hat einen Freund. Es ist ⬚.

Lili hat noch einen Freund.

Es ist ⬚.

Hast du auch einen Freund oder eine Freundin?

⬚ ist mein Freund.

⬚ ist meine Freundin.

Zu Fibelseite 49

- **Sch/sch** im Wort erkennen und farbig nachspuren
- Unterschiede suchen und farbig markieren
- Wörter erkennen und in die Lineatur schreiben

1

Sch sch

Sch sch

Schuhe Schere Tisch
Fisch Tasche Flasche
Schirm Schleife Schaf

2

Findest du die Unterschiede?

3

| A m r e | u h Sch | i r m Sch |

| H t u | l e Sch f ei | l Eu e |

87

Zu Fibelseite 49

- Buchstabe **V** kennen und schreiben lernen
- Wörter lesen; Lautrepräsentationen des **V** (F rot / W blau) unterscheiden
- Wörter den richtigen Spalten zuordnen und schreiben

1

2

V wie F:
F
fahre rot nach.

V wie W:
W
fahre blau nach.

V
v

Vater   Vogel
Veilchen   vier
Vampir   Vase
Vulkan   Klavier

3

V wie F

Vogel

V wie W

Vase

88

Zu Fibelseite 49

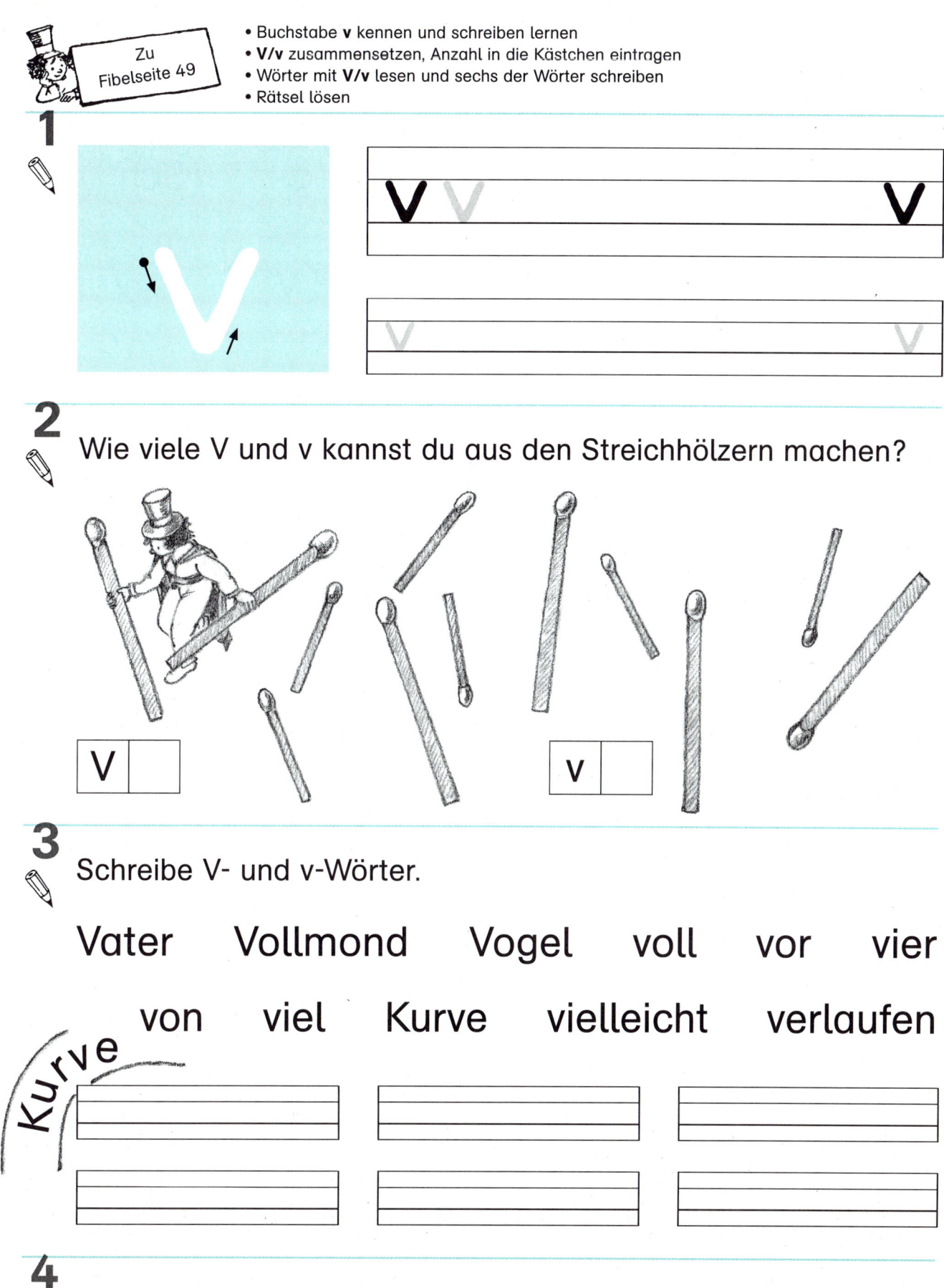

- Buchstabe **v** kennen und schreiben lernen
- **V/v** zusammensetzen, Anzahl in die Kästchen eintragen
- Wörter mit **V/v** lesen und sechs der Wörter schreiben
- Rätsel lösen

1

V V V

2

Wie viele V und v kannst du aus den Streichhölzern machen?

V ☐   v ☐

3

Schreibe V- und v-Wörter.

Vater   Vollmond   Vogel   voll   vor   vier

von   viel   Kurve   vielleicht   verlaufen

Kurve

4

Wie ist es richtig: der gerade Kurve,

die gerade Kurve oder das gerade Kurve?

Es gibt keine gerade Kurve.

Zu Fibelseite 49

- Wörter zusammensetzen und in die Lineatur schreiben
- Lückensätze vervollständigen
- Satzkombinationen erlesen und je einen Satz ins Heft schreiben

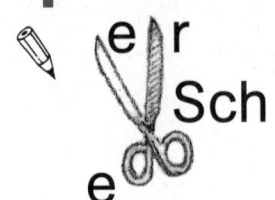

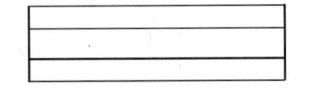

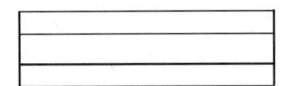

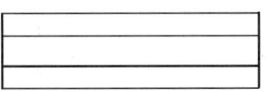

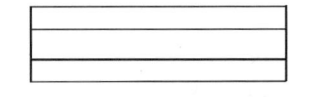

1

e r Sch e — Schere
a Sch f — Schaf
o g e l V — Vogel
Sch i m r — Schirm

2

Der _____ hat eine Schleife.

Der _____ ist bunt gestreift.

Das _____ ist schwarz.

Die _____ schneidet schlecht.

3

Die Zauberschuhe — duschen / schmusen / schweben — geradeaus

Nono findet das — toll / schief / schlimm

Er will — noch weiterfliegen / sofort aussteigen

Zu Fibelseite 51

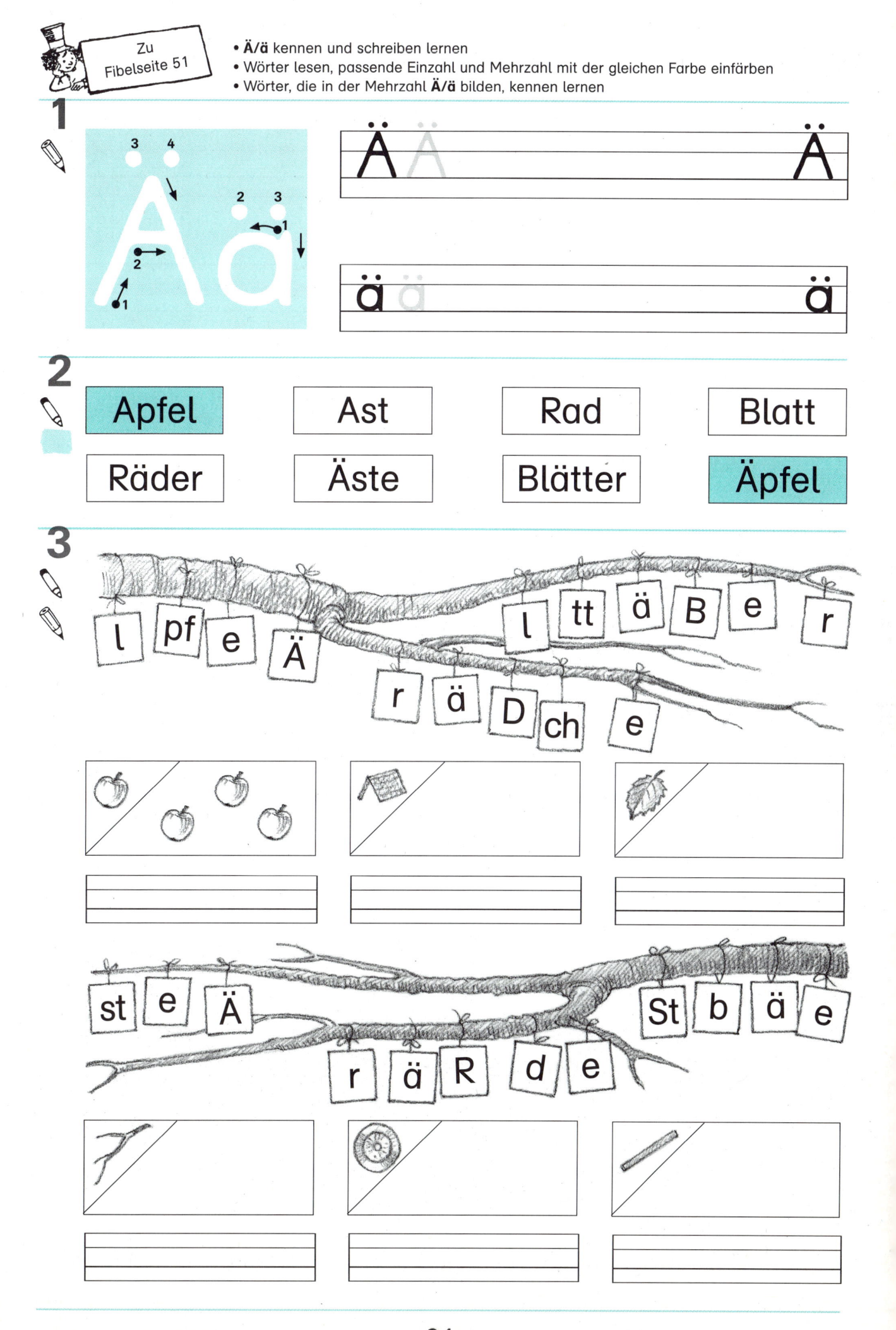

- **Ä/ä** kennen und schreiben lernen
- Wörter lesen, passende Einzahl und Mehrzahl mit der gleichen Farbe einfärben
- Wörter, die in der Mehrzahl **Ä/ä** bilden, kennen lernen

1

Ä   Ä

ä   ä

2

| Apfel | Ast | Rad | Blatt |
| Räder | Äste | Blätter | Äpfel |

3

l pf e Ä   l tt ä B e r
           r ä D ch e

st e Ä   St b ä e
      r ä R d e

91

Zu Fibelseite 51

- **Ö/ö** kennen und schreiben lernen
- Wörter lesen, Wortpaare (Einzahl – Mehrzahl) jeweils mit der gleichen Farbe einkreisen, schreiben
- Lückentext ergänzen

1

Ö Ö ... Ö
ö ö ... ö

2 Was gehört zusammen?

Ton   schön   Flöte   öffnen

König   Wort   Töne   Vogel   Vögel

(Floh)   Wörter   mögen   (Flöhe)

Floh
Flöhe

3

Lili und Oli _____ sich.

Manchmal _____ sie sich auch.

Aber das ist nie _____ gemeint.

| mögen | streiten | ärgern | böse | öffnen |

Zu Fibelseite 51

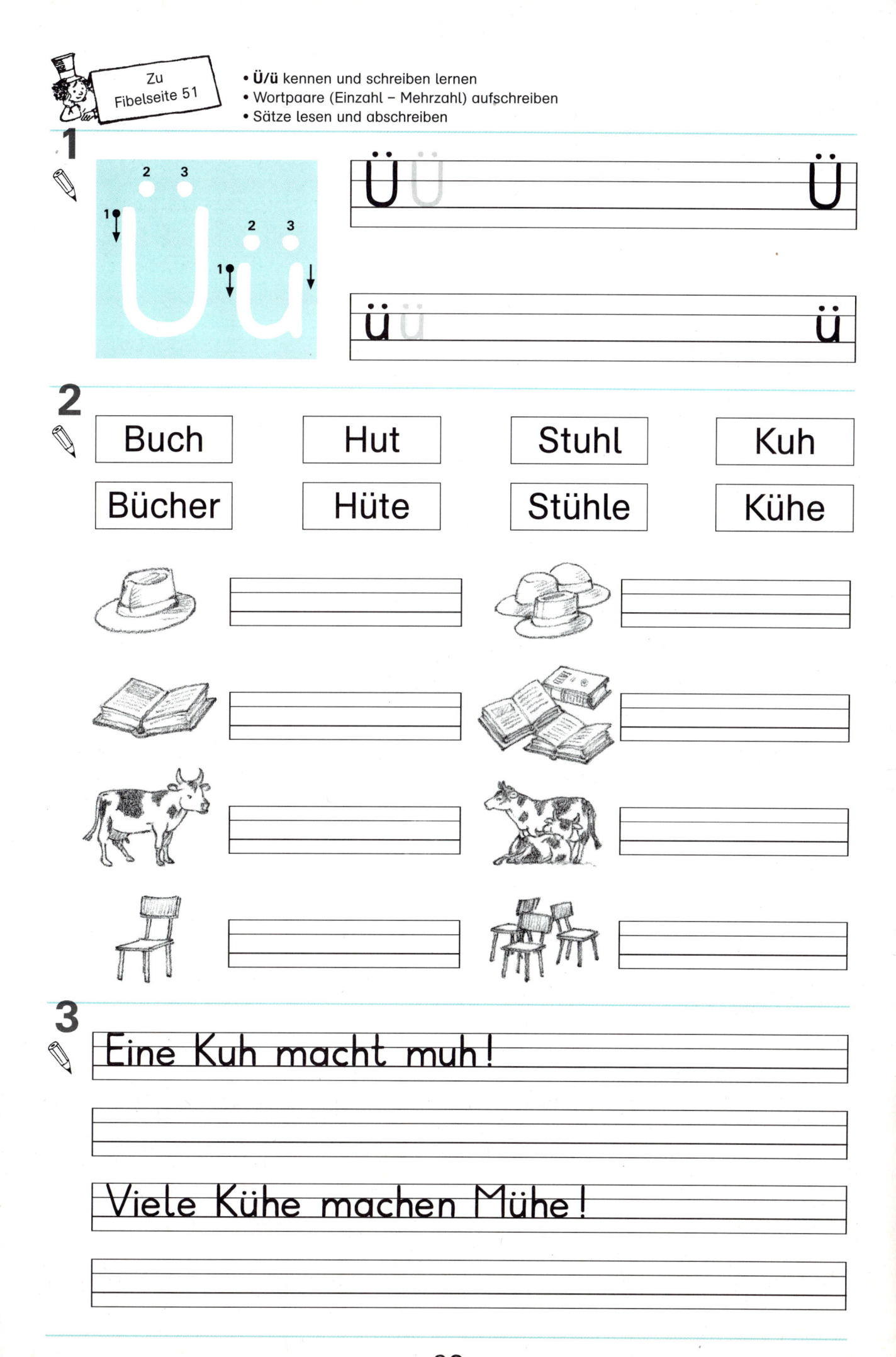

- **Ü/ü** kennen und schreiben lernen
- Wortpaare (Einzahl – Mehrzahl) aufschreiben
- Sätze lesen und abschreiben

1

Ü Ü   Ü

ü ü   ü

2

| Buch | Hut | Stuhl | Kuh |
| Bücher | Hüte | Stühle | Kühe |

3

Eine Kuh macht muh!

Viele Kühe machen Mühe!

Zu Fibelseite 51
- Einzahl benennen, Mehrzahl schreiben
- Text erlesen und fehlende ä-, ö- und ü-Striche ergänzen
- Sätze ergänzen; eigene Sätze bilden

1
Eine Zauberei: Aus eins mach zwei

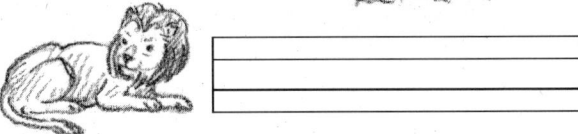

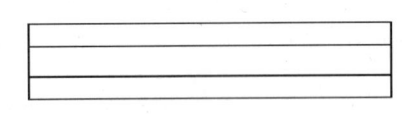

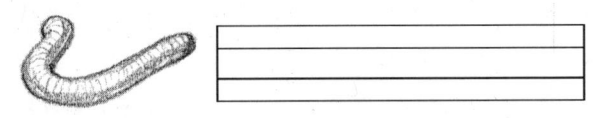

2
Das Zaubern macht Muhe. Dodelu offnet oft ihre Zauberbucher und ubt. Wenn etwas nicht klappt, argert sie sich. Aber weil sie viel ubt, kann sie immer besser zaubern. Deswegen freut sie sich und ist frohlich.

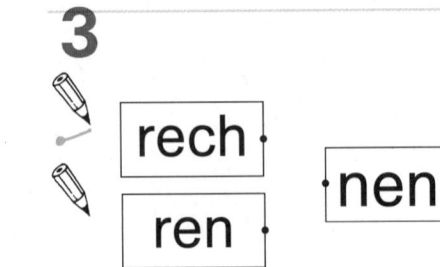

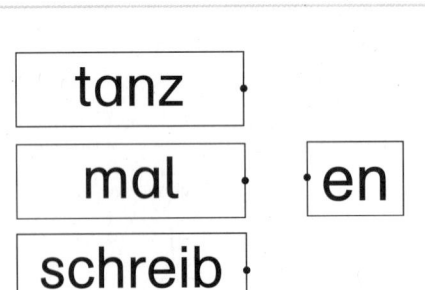

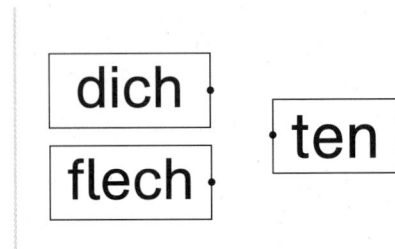

3

rech / ren — nen

tanz / mal / schreib — en

dich / flech — ten

Ich möchte gut _____ können.

Ich möchte gut _____ können.

Ich möchte gut _____ können.

Schreibe noch andere Sätze.

Zu Fibelseite 52/53

• Wort-Bild-Zuordnung

1 Im Zauberland

Babala, Hokus, Pokus und Bim sind verschwunden.
Findest du sie?

2
Lies alle Wörter.
Kreuze alle Dinge und Personen an,
die du in dem Bild oben wiederfindest.

- ☐ Vögel
- ☐ Käse
- ☐ König
- ☐ Käfer

- ☐ Tür
- ☐ Dodelu
- ☐ Ameisen
- ☐ Flöte

- ☐ Löwenzahn
- ☐ Löwe
- ☐ Bär
- ☐ Möhre

Zu Fibelseite 52/53
- **C/c** kennen und schreiben lernen
- **C/c** im Wort nachfahren, Wörter zu den passenden Bildern schreiben
- sinnvolle Sätze schreiben

1

C C   C

c c   c

2

Computer

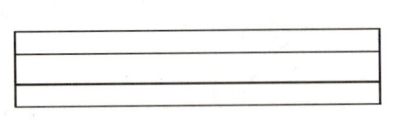

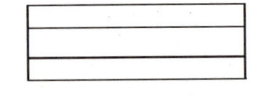

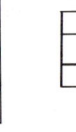

Creme

Claudia

Mocca-Eis

Comic

Clown

Comic

3

Claudia — isst — ein — Mocca-Eis
Marco — arbeitet — einen — Comic
Carmen — mag — am — Clown
Bianca — liest — — Computer

Zu Fibelseite 52/53

- /ng/ als Laut kennen lernen und im Wort nachspuren
- Bilder benennen, das Wort in die Lineatur schreiben
- Rätsel lesen und lösen
- eigenes Rätsel erfinden

1

ng

ng

Schmetterling Engel Spange
Ring Hunger Ding
Umleitung Zange Heizung
Entschuldigung Schlange

2

3

Dings-da-Rätsel

Das Dings-da trägt man am Finger.
Es ist ein _____.

Das Dings-da ist manchmal giftig
und viele Menschen haben Angst davor.
Es ist eine _____.

Das Dings-da hat Flügel.
Man sieht es an Weihnachten.
Es ist ein _____.

4 Das Dings-da …

Zu Fibelseite 52/53
- Gedicht lesen
- verdrehtes und korrektes Wort jeweils mit der gleichen Farbe einfärben
- Lückentext vervollständigen

1

Ein Metterschling
mit flauen Bügeln
log durch die Fluft.

Er war einem Computer entkommen.
Nono war was durcheinander gekommen.

2

Metterschling

flog durch die Luft

flauen Bügeln

Schmetterling

log durch die Fluft

blauen Flügeln

Computer

3

Ein

mit

flog durch

Er war einem   entkommen.

Nono war was durcheinander gekommen.

Zu Fibelseite 54/55
- Buchstaben **J/j** kennen und schreiben lernen
- Laut **/J/** als An-, In- und Auslaut erkennen
- Wortpaare suchen und verbinden, **J/j** einmal einkreisen und einmal nachspuren.
- Rätselfrage und Lösung lesen

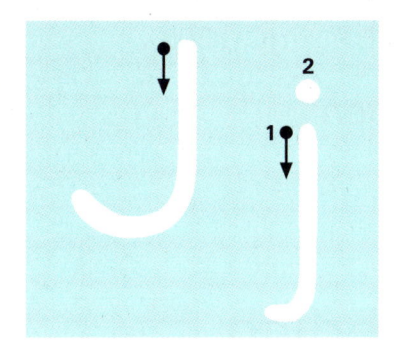

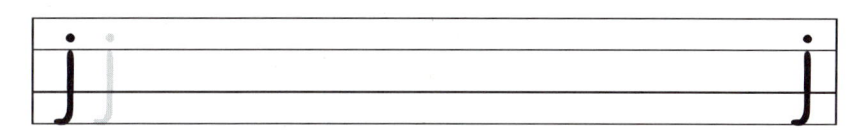

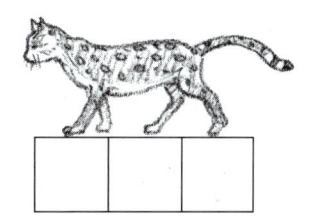

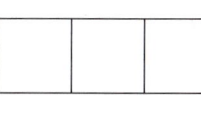

1

J j

j

2

3

Jacke — Jaguar
Jaguar — Jojo
Jahr — Junge
Januar — Januar
Jojo — Jacke
Junge — Jahr

4 Was ist ein **Nein**guar?

Das ist ein Jaguar, der nicht nur ja, sondern auch nein sagen kann.

Zu Fibelseite 54/55
- Wörter lesen, Lückentext lesen, passende Wörter ergänzen
- Sätze lesen und mit ja oder nein beantworten
- zusammengehörende Satzteile mit der gleichen Farbe anmalen und ins Heft übertragen

1

jagen   kochen   lesen   jucken   schlafen   jodeln

schwimmen   rennen   jubeln   singen

rechnen   stricken

Mückenstiche können fürchterlich ▭.

Eulen ▭ oft bei Nacht.

Es gibt nicht viele Menschen,

die richtig ▭ können.

Konntest du alles ▭

und die Lücken füllen?

2

Deine Meinung | ja | nein

Ein Jaguar ist eine Raubkatze.
Der Januar ist der erste Monat im Jahr.
Das Jahr hat 12 Monate.
Johannisbeeren wachsen im Winter.
Jogurt ist schwarz und klebrig.

3

Ein Junge	hat ein schönes Fell.
ist ein Spielzeug.	Der Jaguar
Im Januar	Das Jojo
schneit es oft.	ist kein Mädchen.

Zu Fibelseite 56/57

- Wörter mit **ck** und **tz** erkennen

Material: 1 Würfel, je Spieler: 1 Spielfigur und 10 Steinchen in einer Farbe (Steckwürfel, Plättchen ...)

Spielregel:
- würfelt abwechselnd
- wer auf ein Feld mit **ck** oder **tz** kommt, sucht ein Bild mit ck oder tz
- Wort aussprechen und ein Plättchen ablegen
- das Spiel ist zu Ende, wenn alle Plättchen abgelegt sind

Felder: au, ei, tz, ng, ck, sch, tz, ie, ch, ck, au, ch, eu, sch, tz, eu, ck, tz, ck, tz, pf, tz, ck, au, pf, sch, ie, tz, sch, tz, ck, sp, tz, st, ck, au, ck, ei

Bildkarten: Mücke, Schatz, Dackel, Spatz, Katze, Spitze, Blitz, Rock, Socken, hacken, Glocke, Locke, dick, Spritze

Zu Fibelseite 56/57

- **ck** nachspuren und zählen
- die Wörter mit **ck** einkreisen, die auch abgebildet sind
- Wörter mit **ck** aufschreiben

1

Es sind ☐ ck.

Hut Hacke Hase
Schnecke
Sack
(Schneeflocke)
Wackelpudding
Decke Birnen Dreck Dosen
Dackel Stock Glocke Socken
Rücken Leiter Zucker Kirschen
Wecker Rock Hustensirup
Zwiebeln Rüben Schnur
Zwieback Äpfel Block
Mücke Zahnlücke

Kreise im Sack die Wörter mit ck ein, die auf der Seite abgebildet sind.

2

Schreibe Wörter mit ck auf.

Zu Fibelseite 56/57
- tz einkreisen und zählen
- Spruch aussuchen und abschreiben
- zwei Satzteile mit Reim verbinden und ins Heft schreiben

1

Kreise alle tz ein.

Zähle die tz.

Katze   Tatze   Schatz   Spritze
Spatz   Blitz   Witz   Fritz
platzen   Spitze   kratzen
schmatzen   klitzeklein

Es sind ☐ tz.

2

Räuber Hotzenplotz mag starke Sprüche.

- Ratz fatz, Hosenmatz!
- Potz Blitz!
- Alles für die Katz!
- Potz Sapperment und Wiener Schnitzel!
- Itze, bitze, Hühnerwitze, wie ich in der Hitze schwitze.
- Mach Platz, du Fratz!

Welcher starke Spruch gefällt dir am besten?
Schreibe ihn ab.

3

Mach keine Witze	rast wie der Blitz.
Mach Platz	bei dieser Hitze.
Der kleine Fritz	für die Katz.

Erfinde einen starken Spruch mit tz.
Schreibe ihn auf.

Zu Fibelseite 56/57

- Felder in den angegebenen Farben ausmalen
- Sätze bei den Bildern lesen und ergänzen

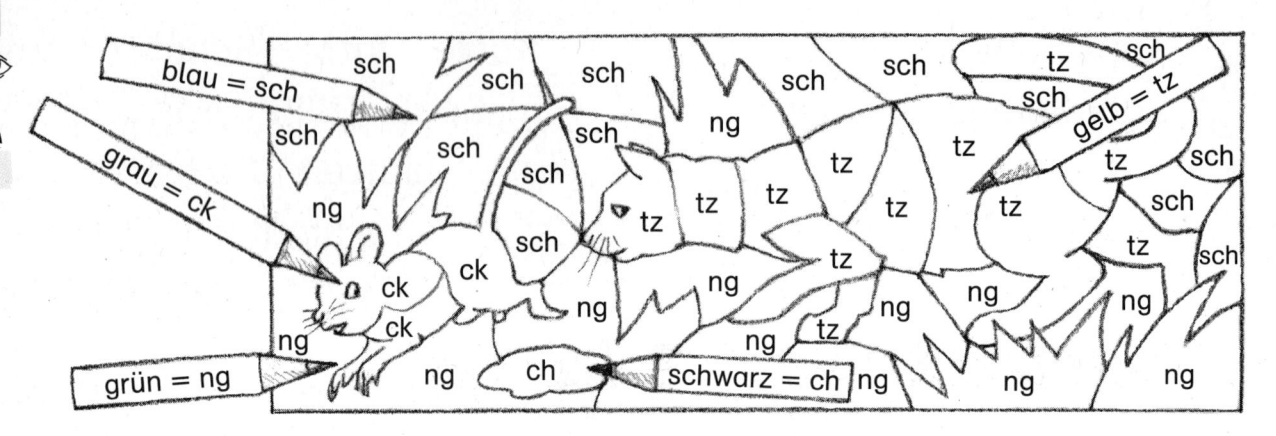

1

blau = sch
grau = ck
grün = ng
schwarz = ch
gelb = tz

2

Katze   Spatz   Tatze   spitz   Schatz   putzen

Sie schnurrt, wenn sie sich wohl fühlt:
die _____.

Katzen sind saubere Tiere.
Sie _____ sich oft und gründlich.

Gib acht: wenn sie sich gestört fühlt,
schlägt sie mit ihrer _____.

Ihre Krallen sind ganz _____.

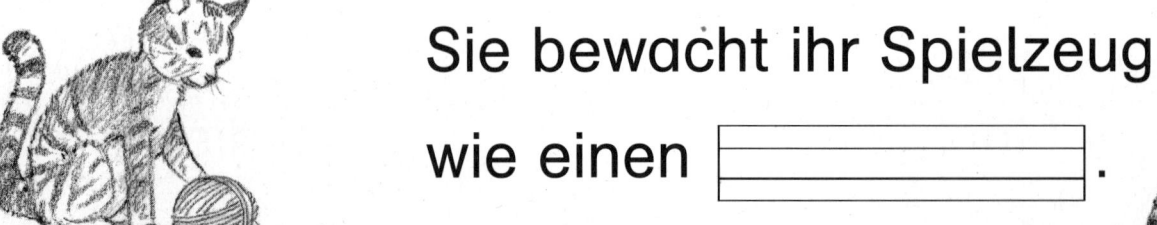

Sie bewacht ihr Spielzeug
wie einen _____.

Achtung, kleiner _____!
Die Katze will dich fressen.

Zu Fibelseite 58/59
- **Pf/pf** kennen und schreiben lernen
- **Pf/pf** einkreisen, versteckte Wörter finden und einfärben
- Wörter ergänzen

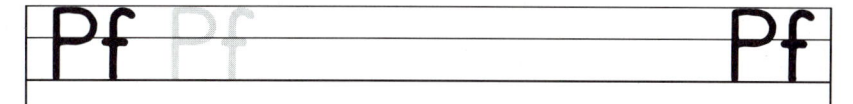

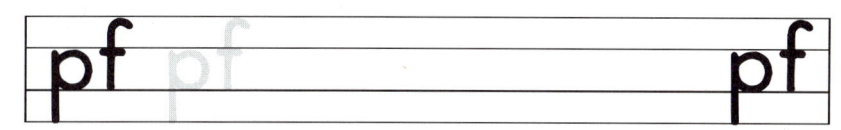

1

Pf   Pf   Pf

pf   pf   pf

2

Findest du den Wurm?

Apfel Apfel Apfel A
Apfel Apfel Apfel A   Pfeil Pfeil Pfeil Pfeil Pfeil
Apfel Apfel Apfel A   zum Zauberland   Pfeil Pfe
Apfel Wurm Apfel A   Pfeil Pfeil Pfeil Pfeil Pfeil
Apfel Apfel Apfel A
Apfel Apfel Apfel

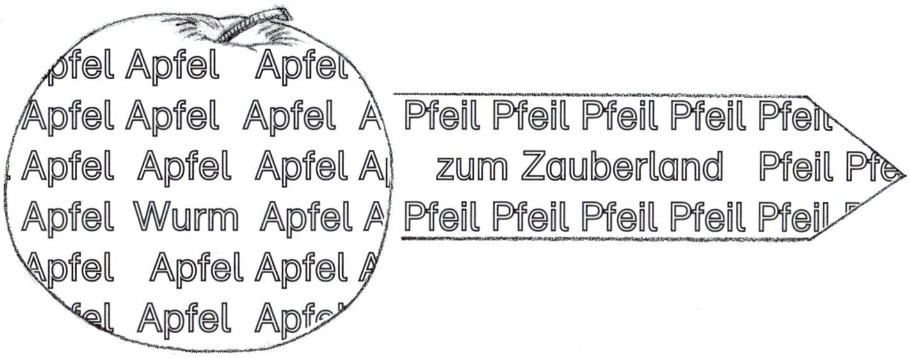

Welchen Weg zeigt der Pfeil?

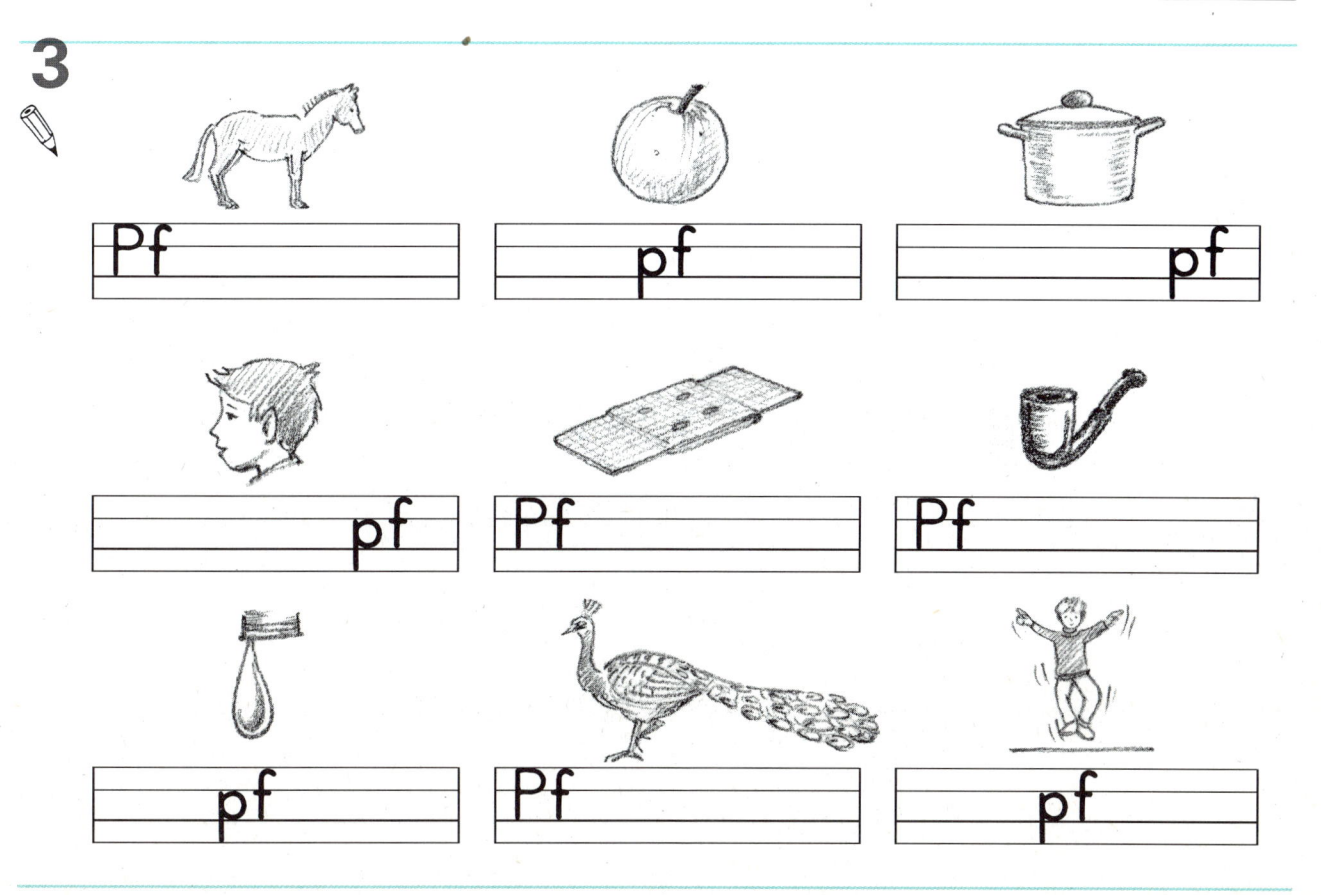

3

Pf   pf   pf

pf   Pf   Pf

pf   Pf   pf

105

Zu Fibelseite 58/59

- Sätze lesen und Bilder ergänzen
- **Pf** und **pf** zählen
- Wörter mit **Pf/pf** abschreiben, weitere finden und aufschreiben

1 Bei jedem Bild fehlt etwas. Ergänze es.

Lisa reitet auf einem Pferd.

Mama trägt einen Hut auf dem Kopf.

Ein Indianer jagt mit Pfeil und Bogen.

Auf einer Pfütze schwimmt ein Schiffchen.

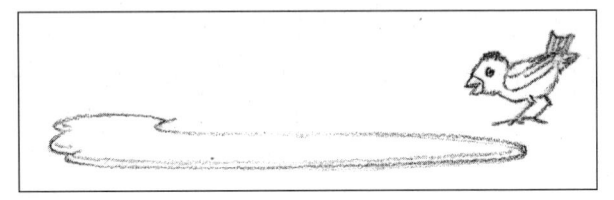

Am Ast hängen drei Äpfel.

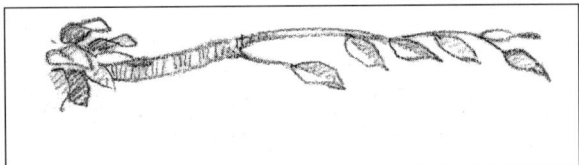

Der Wasserhahn tropft.

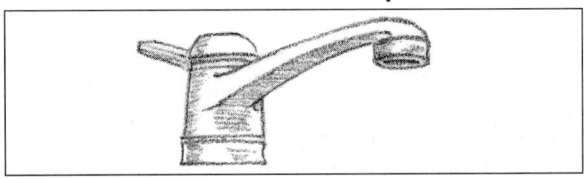

2 In den Sätzen von Aufgabe 1 findest du sechs Wörter mit Pf oder pf. Schreibe sie auf. Kennst du noch mehr Wörter mit Pf oder pf? Schreibe sie dazu.

Hier gibt es ☐ Pf und ☐ pf.

Zu Fibelseite 60/61
- den Anlauten Buchstaben zuordnen, Wörter erlesen
- Namen erkennen; Tischkarten schreiben
- Geheimschrift auflösen
- eine Geheimschrift erfinden

1

2 Kennst du diese Festgäste?

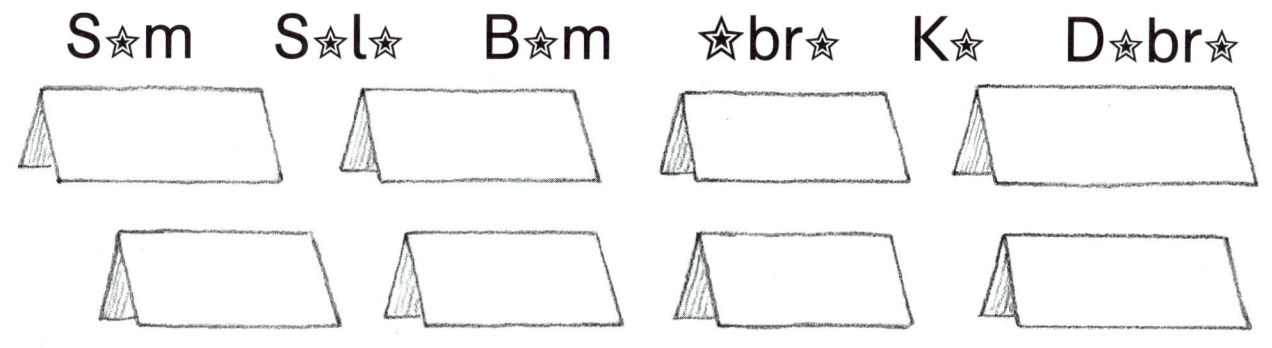

Kokolos   Ypsy

S☆m   S☆l☆   B☆m   ☆br☆   K☆   D☆br☆

3 Die Speisekarte ist so geheim,
dass sie in Geheimschrift geschrieben wurde.

Bei dieser Geheimschrift steht eine Zahl für einen Buchstaben.

1 = A	5 = E	9 = I	13 = M	17 = Q	21 = U	25 = Y
2 = B	6 = F	10 = J	14 = N	18 = R	22 = V	26 = Z
3 = C	7 = G	11 = K	15 = O	19 = S	23 = W	
4 = D	8 = H	12 = L	16 = P	20 = T	24 = X	

Es gibt lauter leckere Sachen.

11 + 21 + 3 + 8 + 5 + 14   11 + 5 + 11 + 19 + 5

19 + 1 + 6 + 20   12 + 9 + 13 + 15 + 14 + 1 + 4 + 5

4 Schreibe in Geheimschrift:
deinen Namen und die Namen deiner Freunde.

107

Zu Fibelseite 60/61

- Buchstaben **Y/y** kennen und schreiben lernen
- Teekessel-Bilder ergänzen
- Ratespiel „Teekesselchen" lesen und nachspielen; Lösung eintragen

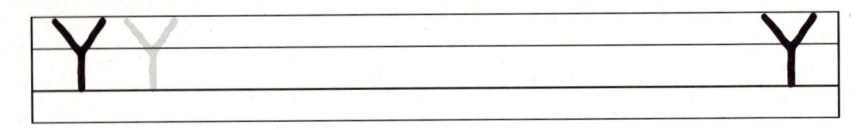

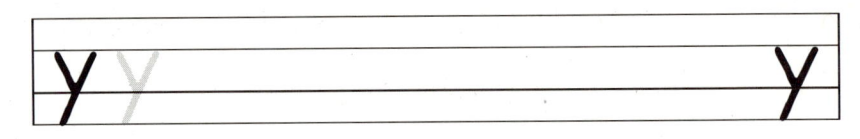

1

Y Y ... Y

y y ... y

2

Es gibt einige Teekesselchen-Wörter.
Das sind Wörter mit zwei Bedeutungen.

Birne   Hahn

Pony   Maus

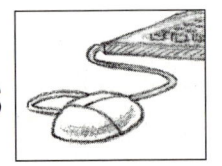

Schloss

3

Mein Teekesselchen hat vier Beine.

Mein Teekesselchen wird mit der Schere abgeschnitten.

Mein Teekesselchen hat eine Mähne.

Mein Teekesselchen hängt in die Stirn.

Auf meinem Teekesselchen können Kinder reiten.

Mein Teekesselchen muss man kämmen.

Hast du das Teekesselchen erraten?
Schreibe es auf.

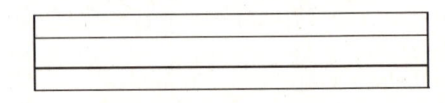

Zu Fibelseite 60/61

- Wörter und Bilder zuordnen
- Wörter schreiben

1

Labyrinth	①
Yak	②
Zylinder	③
Pony	④
Teddy	⑤
Baby	⑥

Zu Fibelseite 60/61

- Buchstabe ß kennen und schreiben lernen
- ß im Wörterkasten einkreisen
- Wörter mit ß im Wörterkasten übermalen; Bilder anmalen, zu welchen ein Wort gefunden wurde
- Wörter mit ß aus Wörterkasten aufschreiben

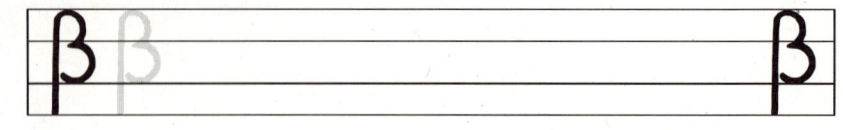

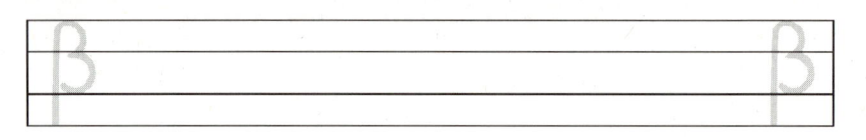

1

ß ß   ß

ß   ß

2

s	a	h	a	n	a	S	p	a	ß	A	Q
b	b	F	u	ß	o	m	i	m	a	m	S
n	u	r	B	g	i	e	ß	e	n	A	t
G	r	u	ß	i	a	b	e	r	M	T	r
O	l	B	o	A	w	e	i	ß	R	G	a
a	n	d	Q	S	c	h	u	l	e	M	ß
l	e	r	n	e	n	h	p	F	ü	ß	e
f	l	e	i	ß	i	g	B	ä	r	o	K
K	B	i	R	A	B	E	s	ü	ß	Z	g
C	r	ß	a	M	O	d	N	o	n	o	r
O	G	i	e	ß	k	a	n	n	e	T	o
a	Z	g	r	ü	ß	e	n	Z	o	M	ß

3

Zu Fibelseite 62/63

- verhexte Teile in den Situationen erkennen und farbig markieren
- zusammengesetzte Namenwörter bilden

1

2

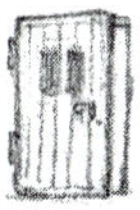

Tür		Stein	
Pflaster		Schloss	
Turm		Bein	
Tisch		Uhr	
Hand		Ball	
Feder		Schuh	

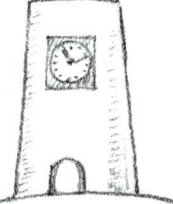

111

Zu Fibelseite 62/63

- Buchstaben **X/x** kennen und schreiben lernen
- Wörter mit **X/x** nachspuren und mit passendem Umriss des Bildes verbinden, Umriss nachspuren, Wörter schreiben
- Rätsel und Lösung lesen

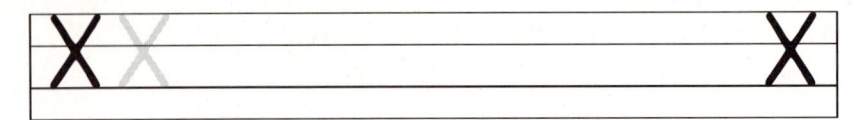

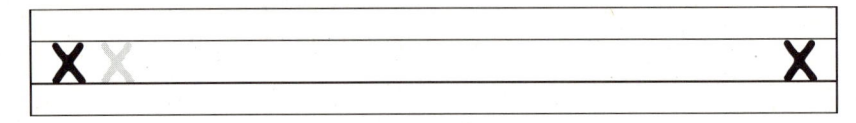

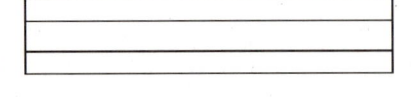

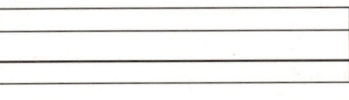

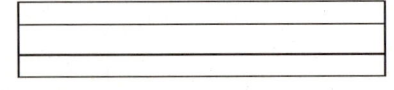

1

X x

2

Xylophon   Taxi

Zwerg   Hexe

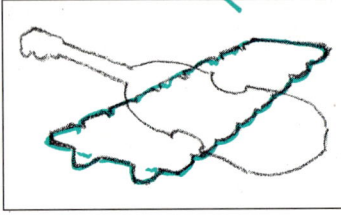

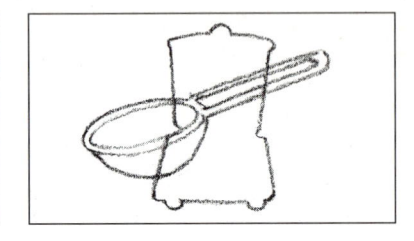

Nixe   Xylophon   Mixer

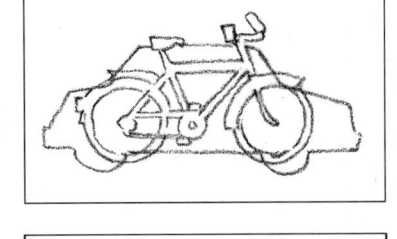

Fax   Axt

Blume   Nono

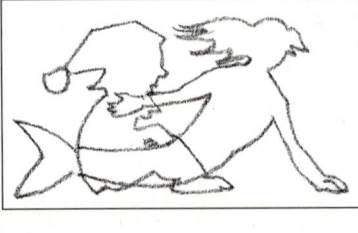

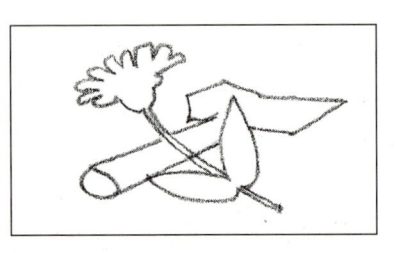

Max   Boxer

3 Wie heißt der Rabe der kleinen Hexe?

Er heißt Abraxas.

112

- Spruch ergänzen, die verwendeten Buchstaben ausstreichen
- Wort – Bild zuordnen
- Sätze vervollständigen
- Sätze lesen und Bilder ergänzen

Zu Fibelseite 62/63

1

Xadix, Ladix, Radix,
Tixi mixi bixi rix.
Liebe Gäste groß und klein,
ihr sollt mit mir fröhlich sein!

2

Nixe
Xylophon
Taxi
Hexe
Mixer
Axt

3

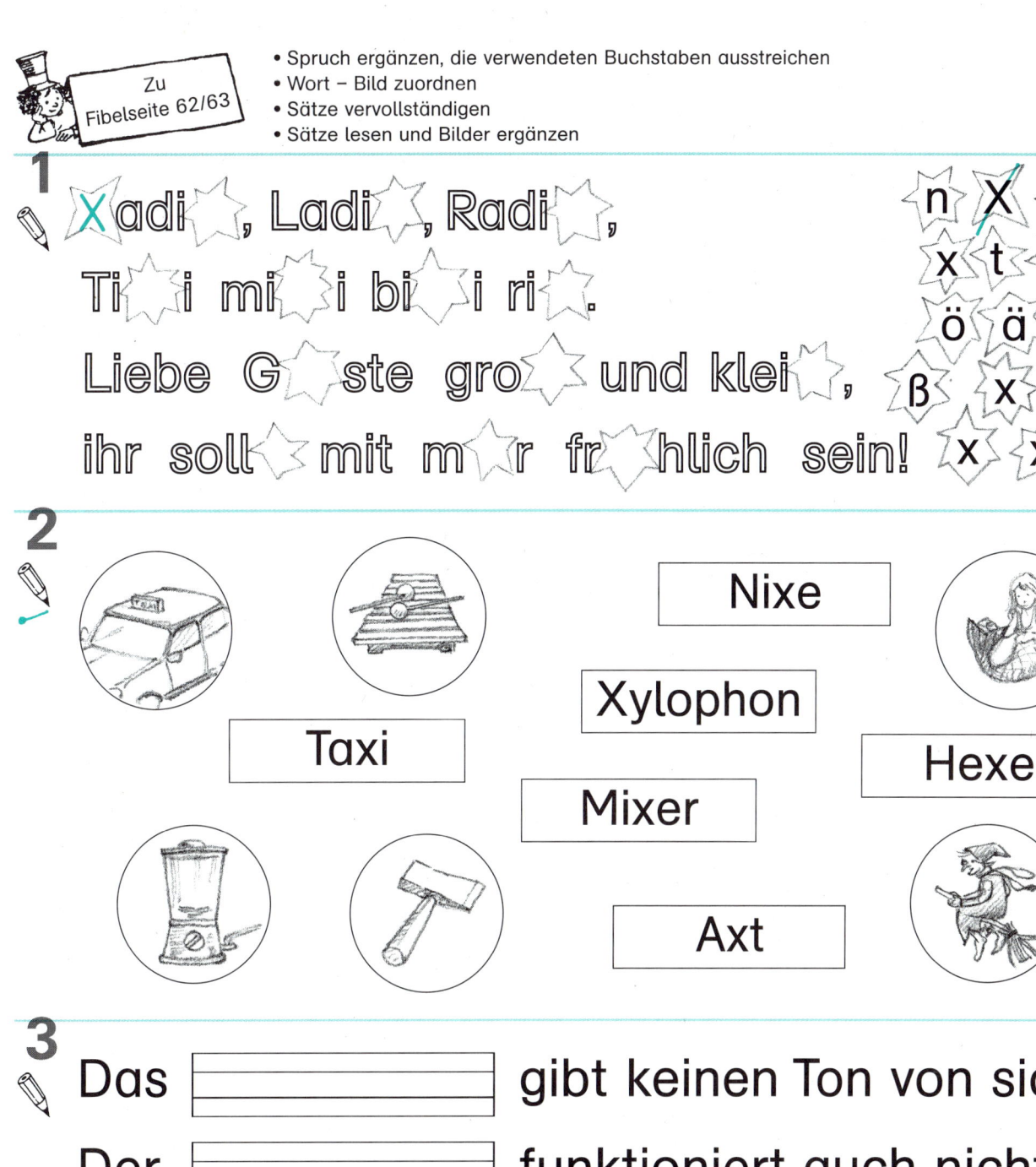

Das _____ gibt keinen Ton von sich.

Der _____ funktioniert auch nicht.

Das _____ ist besetzt.

Das ist ja wie verhext!

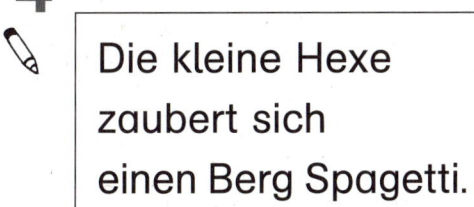

4

| Die kleine Hexe zaubert sich einen Berg Spagetti.  | Die kleine Hexe hext eine kleine Freundin herbei.  | Die kleine Hexe zaubert, was du möchtest.  |

Zu Fibelseite 62/63
- äu einkreisen
- Sätze lesen und ergänzen
- Sätze bilden und ins Heft übertragen

1

Äu
äu

Träume   Mäuse

Häuser   Sträucher

Bäume   Zäune

2

Die kleine Hexe zaubert:

Sie macht aus einer Maus zwei _____.

Sie hext

aus einem Strauch drei _____.

Sie macht aus einem Baum vier _____.

Sie hext aus einem Zaun fünf _____.

Sie zaubert aus einem Haus

sechs _____.

Da staunt Abraxas!

3

Nono		nie
Lili		mit offenen Augen
Oli	träumt	von einem Pferd
Dodelu		vom Fliegen
Babala		jede Nacht

Zu Fibelseite 64/65

- Bilderrätsel
- Bilder zum Nachdenken: Angebot, das nicht in die Reihe passt, durchstreichen

1 Bilderrätsel

~~BESEN~~   ~~ELEFANT~~
X   4 5   3 4 5 6 7

_ _ _ _ _   _ _ _ _
X 2   3 4

_ _ _ _   _ _ _   _ _ _ _   _ _ _   _ _ _ _ _
  4   2 3   X 2 3   3 4   2 3 4 5

2 Bilder zum Nachdenken: Was passt nicht in die Reihe?

Lösungen: Roller, Pferd, Butter, Möhre, Brille (auf dem Kopf)

115

Zu Fibelseite 64/65

- **Qu** kennen und schreiben lernen
- Wörter mit **Qu** lesen und **Qu** einkreisen
- Wörter mit **Qu** in den Speiseplan übertragen

1

Qu Qu Qu

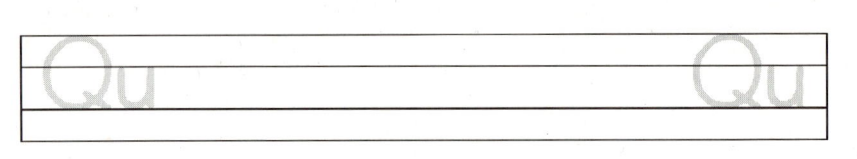

Qu Qu

2

Quatsch-Kochbuch

Quarktaschen   Quarkkuchen
Quatsch mit Soße   Quallenkompott
Quittenmus   Quetschkartoffeln
Quarkspeise   Quellwasser
Qualmwolken   Quengelfleisch

Mein Speiseplan für eine Woche:

Montag:

Dienstag:

Mittwoch:

Donnerstag:

Freitag:

Samstag:

Sonntag:

Zu Fibelseite 64/65
- **qu** kennen und schreiben lernen
- Bild und passendes Geräusch verbinden
- Sätze ergänzen

1

qu qu   qu

qu

qu   qu

2 Wer macht was?

quaken

quieken

quengeln

quietschen

qualmen

quasseln

3 Schreibe auf, wer was macht:

Babies quengeln, wenn sie Hunger haben.

Frösche   im Teich.

Schornsteine   .

Manche Türen   .

• ABC-Spiel

= Tiere
= Namen   Paul
= Kleidung
= Essen und Trinken
= Werkzeug
= Pflanzen

ABC-Spiel für mindestens 2 Kinder

Material: 1 Würfel, 2 Spielfiguren, viele Plättchen

- Vereinbart zuerst, wie lange ihr spielen wollt: 3 Runden oder 5 Minuten oder …
- jedes Kind würfelt zweimal
- die erste Würfelzahl führt auf ein entsprechendes Buchstabenfeld (Beispiel: auf B)
- die zweite gewürfelte Zahl kennzeichnet den Bereich (Beispiel: = Tiere)
- alle Mitspieler suchen nun nach einem Wort aus diesem Bereich, das mit dem erwürfelten Buchstaben beginnt (Beispiel: Bär)
- wer zuerst ein passendes Wort gefunden hat, darf sich ein Plättchen nehmen
- leeres Feld: Der Anfangsbuchstabe deines Vornamens gibt den Buchstaben vor, erwürfle nur den Bereich.

Spielregel: Das Spiel ist zu Ende, wenn alle Plättchen verteilt sind.